衣香鬟影

江南风俗图录 第2卷

服饰冠履卷

针缕之间的衣冠世相

Illustrated Chronicles of Jiangnan Customs

- Vol. 2 -

Silken Dresses and Tresses Silhouettes

仲富兰 著

国家出版基金项目
NATIONAL PUBLICATION FOUNDATION

上海辞书出版社

江南风俗图录·第2卷·衣香鬓影

辞书微信公众号二维码

本书为《江南风俗图录（1840—1949）》分卷之一。整套书随附别册，内容涵盖《江南风俗图录》全书总览及各分卷简介、十卷本内在关联分析与跨学科阐释、与仲富兰民俗学研究脉络的勾连、核心参考文献汇释、仲富兰民俗文化学学术著述系年，另收录总序、后记等文稿。为便于读者共享别册内容，上海辞书出版社公众号设“《江南风俗图录》别册”专题，供各界参阅。

“十四五”国家重点出版物出版规划项目

国家出版基金资助项目

上海文化发展基金会图书出版专项基金资助项目

仲富兰

当代民俗学家。上海人。毕业于复旦大学哲学系。华东师范大学教授、博士生导师，上海市民俗文化学会创始会长及名誉会长，中国民俗文化学科的开拓者和奠基人。1986年至今已出版《中国民俗文化学导论》、《中国民俗学通论》（三卷本）、《上海六千年》（三卷本）、《图说中国近百年社会变迁》（四卷本）、《民俗传播学》、《江南风俗与信仰》、《上海民俗——民俗文化视野下的上海日常生活》、《上海小史》、《节日里的中国》、《图说中国人生礼仪》等50多部著述，部分被译为英、俄、日、韩等国文字在国外出版。承担“十四五”国家重点出版物出版规划项目《江南风俗图录（1840 —1949）》（全十卷）及上海市相关文创研究课题。 2019年起主编《民俗掌故日历》（上海辞书出版社，至今共计7版）。另有大量论文和文章散见于海内外报章期刊。

Zhong Fulan

A contemporary folklorist from Shanghai. He graduated from the Department of Philosophy at Fudan University and is currently a professor and doctoral supervisor at East China Normal University. He is the founding president and honorary president of the Shanghai Society of Folk Culture Studies, and a pioneering and foundational figure in the academic field of Chinese folk culture.

He has published over 50 works since 1986, including *An Introduction to Chinese Folklore*, *General Theory of Chinese Folk Culture* (three volumes), *Six Thousand Years of Shanghai* (three volumes), *Illustrated History of Social Changes in Modern China* (four volumes), *Folklore Communication Studies*, *Jiangnan Customs and Beliefs, Shanghai Folkloristics: Daily Life in Shanghai through the Lens of Folk Culture*, *A Brief History of Shanghai*, *China in Its Festivals*, and *An Illustrated Guide to Chinese Rites of Passage*. Several of these have been translated into English, Russian, Japanese, Korean, and other languages for international publication.

He is leading a major national publishing project under the 14th Five-Year Plan: Illustrated Chronicles of *Jiangnan Customs (1840–1949)* (ten volumes), as well as related cultural and creative research initiatives in Shanghai. Since 2019, he has served as editor-in-chief of *The Almanac of Folk Culture and Anecdotes* (Shanghai Lexicographical Publishing House), which has been released seven editions to date. His numerous papers and articles have appeared in newspapers and joumals both in China and abroad.

光影铭沧桑

图卷展风华

目录

第三章

现代民族服饰的形成

089

第四章

日新月异的南女时装

123

第五章

男女发型与佩饰、鞋履

157

概述

中国传统服饰文化源远流长。追寻中国服饰的源头，可以上溯到旧石器时代的晚期。考古发掘证明，早在一两万年以前，山顶洞人就会用骨针缝制兽皮服装。到五六千年前的仰韶文化时期，我们的祖先开始了定居生活，产生了农耕、纺织，人们开始用麻、葛等制作服装。此后，又发明了养蚕、缫丝和编织，于是，人们的服饰便在农业、手工业不断发展的基础上日趋完备、精致。

战国时期，思想活跃，商业发达，服饰日新月异。隋唐统一，经济繁荣，服饰愈益华丽，形制更加开放，从而成为中国历史上服饰发展的一个高峰。与此同时，各民族在服饰上的相互影响也不断扩大和深入，像赵武灵王胡服骑射，六朝时北方轻巧便利的裤褶裲裆在中原地区盛行，辽、 金、元、清等少数民族政权相继入主中原，对服饰演变也起了重要影响。中国以千姿百态、精美绝伦的民族服饰而享有“衣冠王国”的美誉，也是中华各族人民交流融合、亲密合作，共同创造的结果。

中国服饰在其五千年的发展过程中，虽千变万化，但仍有规律可循。从样式上看，上衣下裳和衣裳连属为两种基本形制，两者交互出现，相容并蓄。商周以前，一般多用上衣下裳制，后世的胡服、襦裙等，便是其遗制。上下相连的“深衣”最初出现在春秋战国之交，以后的袍服就是在此基础上产生的。图案纹饰注重写实，动植物和几何形纹最为盛行，其表现形式，上古较简练、概括，饶有抽象之趣；秦汉以降，日趋工整、均衡，布局严密而规范；明清时期，注重写实，形象细腻逼真，栩栩如生。服饰色彩，上古时期比较单纯、鲜艳，后世则趋于繁复、协调，色调较为稳重、凝练。

中国传统服饰自“服周之冕”开始就具备了上衣下裳的基本形制。从服饰的构成来看，主要有衣（包括上下衣）、帽、鞋等以及发型；从职业和性别上来看，则主要有官场服饰、民间服饰（普通男子）、妇女服饰三种主要类型。综观中国传统服饰，又有两个显著的特点：第一，进入阶级社会后，衣冠服饰不仅是人们的日常用品，而且成为统治阶级严内外、别亲疏、昭名分、辨贵贱的工具。夏商时，中国开始形成冠服制度，至西周时臻于完善。此后，中国历代王朝都十分重视冠服之制，帝王后妃、文武官员、黎民百姓便因其身份不同而在冠服的样式、纹饰、色彩上有了严格的区别。虽其具体规定在历代有所变化，但以不同服饰区分身份等级的基本制度，却长期沿袭不变。第二，传统服饰还受到传统礼法的约束和传统伦理规范的强力制约，特别是宋明以后，由于道学和理学的倡导和约束，服饰渐趋拘谨、保守，甚至还出现了诸如妇女缠足之类摧残肢体的陋习。

显然，等级服制与传统的伦理规范对服饰的发展是一种限制和阻碍，它与社会发展的进步潮流和人们美化生活的愿望都是相悖的。因此，在社会文化急剧变化的近代，传统服饰的变革便势在必行。

一、晚清服饰逾制：变革萌动初现

中国传统服饰的变革倾向在鸦片战争后逐渐显现，随着清代统治的日趋衰落，西方文化影响的不断深入，人们的生活方式也逐步更新。清代统治者与前代一样，以法律形式对冠服的形制、纹饰、颜色等作了严格的等级规定，然而，至清代晚期，人们开始突破旧有的规范，如团蟒之纹、四开衩之袍等，多有不按品级而使用者。原本禁止庶民服装上使用的金绣、彩绣、狐皮等，富有之家也常常违例而用。这一现象在江南地区，尤其在上海为多见。清末王韬《瀛壖杂志》载："近来风俗日趋华靡，衣服僭侈，上下无别，而沪上尤甚。洋泾浜负贩之子，猝有厚获，即御狐貉，炫耀过市，真所谓'彼其之子，不称其服也'。"又如红色风兜，本是一二品官员的专属，到了光绪年间，上海街头戴红兜者随处可见。这种服饰逾制的现象表明，传统的封建正统观念和等级服制此时已发生了某种程度的动摇，它实际上已昭示了传统服饰制度的变革。

到19世纪60年代，英国人在中国出版的报纸《北华捷报》上有一篇文章说，就对外贸易而言，上海是"心脏"，其他的口岸不过是"血管"而已。也就是说，上海已经由原先处在江南一隅的一个滨海县城，变成了中国对外贸易的中心口岸。与外国人联系密切的买办、富商、洋行职员等，因受西方思想文化和生活方式的影响，常常仿效洋人，穿起西服、西裤。而一些与外国商人、水手接触较多的青楼倡优也纷纷穿起"窄袖革履"的西式服装，用起手帕、围巾、手笼等域外传入的物品。这种效穿洋服的举动虽波及面有限，但毕竟是前所未有的新现象，其引领风气的作用不可小觑。

二、兴学女权助力：服饰变革启幕

如果说效穿洋服还只是一曲前奏的话，那么随后的兴举西学和女权运动则正式揭开了服饰变革的大幕，因为这种变革此时已逐渐成为人们的一种自觉要求。

清同治、光绪年间，洋务派人士在“中学为体，西学为用”的口号下，兴起了意在“图强求富”的洋务运动，他们在购置西洋枪炮舰船和创办军事工业的同时，还派遣留学生赴欧美、日本等国学习。这些留学国外的学生不但吸收了西方的科学技术、思想文化，还耳濡目染于域外的生活方式。甲午战败使他们深受刺激，愤于清政府的腐朽无能，纷纷剪去辫发，穿上西式服装，掀起“剪辫易服”的风潮，在国内社会产生了强烈的反响。

维新派人士所倡导的女权运动是在西方民主平等思想的影响下兴起，而其最初的表现形式就是不缠足运动。光绪九年（1883），康有为在广东南海撰写并公开《不缠足会草例》。其后，康有为、康广仁等人在广州正式成立了“粤中不缠足会”，并逐渐将其推行到上海、天津、北京等地。他们痛斥缠足陋习对妇女的束缚残害，在会章中规定入会者所生女子不得缠足，所生男子不得娶缠足女子，从家庭层面入手，逐渐改变社会对缠足的观念和风气。光绪二十九年（1903）出版的鼓吹妇女解放的著作《女界钟》也将缠足和繁琐的传统服装列为妇女四大“障害”中的两项。作者在提倡放足的同时，还进而提倡剪发和穿着轻便自然的服装。

有识之士的上述主张实际上是对封建旧文化的一种否定，因此服饰改革的意义这时已超出了剪辫、易服、放足本身，而成为整个社会文化改革运动的一个组成部分。在这一大背景中出现并日趋强烈的服饰变革倾向，首先在生活方式和观念更新较快的通商口岸诸城市十分明显地表现出来。在这些地区，服饰风尚已由拘谨、保守、呆板、等级森严逐渐向美观、适体、方便、奇巧百端转变。时人记载：“同光间，男女衣服务尚宽博，袖广至一尺有余。及经光绪甲午、庚子之役，外患迭乘，朝政变更，衣饰起居，因而皆改革旧制，短袍窄袖，好为武装，新奇自喜，自是而日益加甚矣。”当时，上海为全国首屈一指的繁华都市，故“一衣一服，莫不矜奇斗巧，日出新裁。其间由朴素而趋于奢侈，固足证世风之日下，然亦有由繁琐而趋于简便者，亦足见文化之日进也。衣由宽腰博带，变而为轻裙短袖，履由高低仄头，变而为薄底阔面，皆于作事行路，良多利益。光绪末……风帽、一口钟亦易以大衣”。值得注意的是，这时青楼娼妓、学堂女生等已逐渐取代士绅、贵妇，居于领导服饰潮流的地位，时人云：“同光之交，上海青楼中人之衣饰，岁易新式，靓妆倩服，悉随时尚……至光宣间，则更奇诡万状，衣之长及腰而已。身若束薪，袖短露肘，益欲以标新领异，取悦于狎客耳。而风尚所趋，良家妇女无不尤而效之，未几，且及于内地矣。又有戴西式之猎帽，披西式之大衣者，皆泰西男子所服者也。”“光绪时，沪妓喜施极浓之胭脂，因而大家闺秀纷纷效尤……自女学堂大兴，而女学生无不淡妆雅服，洗尽铅华……北里亦效之。故女子服饰，初由北里而传至良家，后则由良家而传至北里。”清末，江南服饰翻新的风尚还波及至整个中国。

三、清末民初改制：等级服饰终结

清末官服的类型，按用途来分主要有常服（日常用服）、行服（出行用服）、礼服、吉服四大类；按季节来分，有冬服和夏服两种；按身体部位来分，有冠饰、衣饰、脚饰及其他附件。常用的冠饰有朝冠、吉服冠、行冠、常服冠、雨冠；衣饰有衮服、龙袍、龙褂、朝服、蟒袍、补服、端罩、常服褂、行褂、行袍、行赏、雨衣、雨赏等；脚饰及其他附件有花翎、披领、朝珠、腰带、鞋靴等。其质料之讲究、花样之复杂、做工之精细都是前代所未有的。

到了鸦片战争之后，日益兴起的服饰变革之风，伴随着爱国人士一系列的改良要求，对包括传统服制在内的官定制度形成了巨大的冲击。光绪年间，康有为在建议变法维新的《戊戌奏稿》中称：“今为机器之世，多机器则强，少机器则弱。……然以数千年一统儒缓之中国裒衣博带、长裙雅步而施之万国竞争之世……诚非所宜矣！”因此要求“皇上身先断发易服，诏天下同时断发，与民更始。令百官易服而朝，其小民一听其便。则举国尚武之风，跃跃欲振，更新之气，光彻大新”。宣统初年，外交大臣伍廷芳再次奏请剪辫易服，恳求“朝廷明降谕旨，任官商士庶得截去长发，改易西装。与各国人民一律，俾免歧视”。迫于时势，清政府不得不实行一些改革措施。如当时编练的新军是以西法进行操练的，而各地的武备学堂及其他新式学堂也都设置西学课程，因而军队和学生的服饰均采用西式的军衣、军帽、操衣、操帽。如光绪二十九年颁行的《奏定学堂章程》称：“近年来，各省学堂冠服一端，率皆效仿西式，短衣皮靴，文武无别。”光绪三十一年奏定的陆军新制服式更对传统戎服进行了全面改革，规定陆军服制分军礼服、军常服二种，除在大礼时仍需戴翎顶外，平时均戴军帽。军服形制为结以纽扣的开襟式，衣长与两胯圆轴骨平齐；将官与骑兵著皮靴，步兵著宽紧皮靴，以麻布裹腿；衣、帽上缀以帽徽、领章、肩章、胸章、袖章等，以标识部队，区分阶等。其后，又陆续拟定了陆、海军官服制、巡警服制、海军长官旗式章服图说等。新式军戎制服的实施使清朝军戎服饰的形制发生了根本的变化。宣统时，剪辫易服的要求被“立案议会”，宣统二年（1910），清政府终于颁布了准许臣民自由剪发的法令。

不过，清末官定服制的改革只是局部性质，许多改革措施也因积习太深，阻力重重而流于一纸具文，未能真正实行，但其毕竟是一种以法令方式颁布的官方改革，因此意义还是深远的，它充分地显示出，服饰变革此时已成为一股不可逆转的时代潮流。

辛亥革命推翻了清王朝的统治，延续了数千年的君主专制制度和等级服饰制度随之瓦解，官场服饰也成为历史，数千年来“昭名分辨等威”的官场服饰制度被彻底终结。民国政府发布《剪辫通令》，各地民众纷纷响应，二百八十年的留辫陋习得以革除。1912年，民国政府参议院参照西方各国服饰，颁布男女礼服形制。此后，又陆续颁布了多种人员的服制。1929年，民国政府重新颁布《服制条例》，对男女礼服和公务人员制服作出规定，日常便服则未作限制。

这种以政府法令形式推行的服饰变革，对传统等级服饰制度和礼俗的冲击猛烈而彻底，使服饰变革从工商界、知识界迅速扩展到普通民众。同时，新的生产方式和商品经济改变了人们的服饰观念，人们开始追求服饰的美观、舒适、华丽和时髦，且能根据自身喜好自由选择和创制服饰，不再受法律制度的约束。虽然不同社会阶层在服饰上仍存在差异，但此时人们主要依据职业、文化、财富等因素来区分，而非身份等级。传统服饰向近现代服饰的转变由此逐步实现。

四、上海风尚引领：服饰观念革新

1843年上海开放为商埠以后，租界的形成削弱了封建政府服饰规定的法律效力，商品经济的发展改变了重义轻利的传统价值观念。上海民众渴望改变刻板单调的生活程式，无可抑制地冲破了封建礼制观念的束缚，并且首先从服饰习俗的变革上体现出来。变革先从等级服制的打破开始，只要经济条件许可，庶民同样可以穿戴过去只允许官绅使用的华美服饰，接踵而来的则是服饰功能的更加剧烈的变化：实用、美观之外，又增加了显示富有的意义。“只重衣衫不重人”，正是上海人物质利益观念已由满足基本生活需要而递升到借此赢得社会尊重的进步的表现。追求华服丽裳，从此成为上海的社会风尚。它是世道人心变迁的前奏，犹如决堤之水，由此引发了整个社会的生活风尚和民俗风情的全面变革。

服饰观念的变化推动了服饰款式的变革，用通俗话语表达其基本趋向就是“赶时髦”三个字，具体解释为标新立异，趋合时尚。所谓标新立异，就是永不满足于一个或几个品种的定型，从质料选用、颜色款式、剪裁和缝纫工艺等各方面不断翻新花样。以旧上海的女性服装旗袍为例，从脱胎于满族妇女传统服装开始，在上海风行了几十年，也变换了几十年，涉及领头高低、袖子短长、开叉高低及搭配饰物等几乎所有方面，而这种频繁改易，总以充分表现女性的体态和风采美为追求。所谓趋合时尚，包括开风气之先和“见贤思齐”两方面含义，呈现出节奏快周期短的特点。以晚近十多年来的羊毛衫款式为例，时而行紧窄，时而行宽松，时而尚白色，时而尚黑色，开创者与追逐者互相竞争，不停翻新，永无休止，从而促进流行服饰生生不息，推动了社会的进步和历史的代谢。

色彩绚丽、款式新颖的上海服饰，不仅展现了上海民俗文化的多彩风貌，还在很长的一段历史时期内影响着全国的服饰新潮流，甚至传播到海外，为上海赢得了“东方巴黎”之美誉。

第一章

晚清服饰
变革的倾向

“夷装夷俗”，晚清许多中国人常常对西式服装不屑一顾。人们习惯了祖宗传下来的宽袍大袖，儒服雅步，也习惯了服饰制度规定的等级差别，对于西式服装总是看不顺眼，连那个领导虎门销烟、有“开眼看世界第一人”之称的林则徐，对于西洋装束，先是吃惊，后来也是不屑一顾。他在日记中提及英国人的服装，无不表现出一种鄙视的情绪。在日记中留下“夷服太觉不类”的话。后来，随着《南京条约》的签订，外国势力连樯东来，在中国通商口岸建立了租界，中外文化之间有了交流、影响的可能。在通商口岸，甚至出现一些穿西服、坐洋车、吃西餐、信基督教的中国人。尽管他们接受西方生活方式的程度深浅不尽相同，西化的程度也不一样，但是，他们都或多或少靠近西方文化，流露出对西式服饰的艳羡。

中国服饰传统历来注重宽大垂长，“长裾雅步”，虽有“盛世雍容”之态，但显然不利于工业大机器时代的生产生活方式。19世纪80年代以后，随着西方物质文化大量传入，民众接受西方服饰器物文化的影响越来越大，留洋学生日渐增多，思想观念发生了变化。人们开始对传统服制提出各种批评，认为传统服装不仅观感不好，而且也不利于万国竞争。康有为在《请断发易服改元折》一文中认为，只有“断发易服”“改视易听”才能使中国“一变致强”。易服之后究竟采取何种式样，则各持己见。有的认为应该沿用古代式样，有的说最好采纳东洋服制，也有的认为还是西洋服装更有利于中国走向世界。为了减轻习惯势力的压力，康有为特别把西服解释成秉上古遗风，承孔子之志，是最具民族精神的：“夫西服未文，然衣制严肃，领袖洁白，衣长后衽，乃孔子三统之一，大冠似箕，为汉世士夫之遗，革舄为楚灵王之制，短衣为齐桓之服，故发尚武之风，趋尚同之俗，上法泰伯、主父、齐桓、魏文之英风，外取俄彼得、日明治之变法……”。虽然如此挖空心思装扮变法，但戊戌维新改变服制的努力最终还是失败了。但是，维新派的鼓吹并非一无效果，靠皇帝断发易服的希望虽然破灭，西服还是成了文明进步甚至革命的象征，被赋予了更浓重的政治含义。

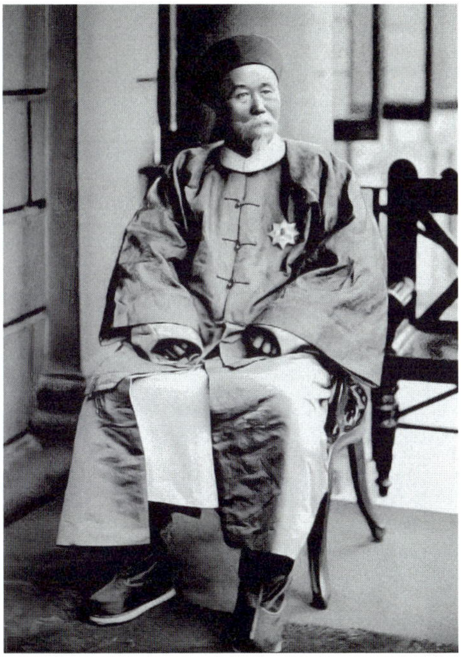

▲ 清末重臣李鸿章身穿的这件黄马褂，后血溅东瀛，影响深远

▲ 1908 年，学者严复与外甥女何纫兰的合影

面血洒将黄马褂

——长袍马褂

甲午战争失败后，李鸿章奉命赴日本议和，结果遭遇日本极端分子小山丰太郎刺杀，一枪击中面部，血流不止，身上所穿黄马褂也被血浸染。李鸿章醒来后，嘱咐侍从不要将黄马褂上的血迹洗掉，并说“此血可以报国”。时人高燮作了一首词《念奴娇·闻清五大臣遇刺感赋》：“车场如市一声雷，震破双双两耳。面血洒将黄马褂，几点鲜红竞美……”

清朝的黄马褂，本身只是一件普通的官服，它更多地代表着一种荣耀，彰显的是皇帝的恩赏，特殊的政治功能，又决定了它在清代服饰中的特殊地位。可是到清后期，为了对付各地农民起义，清朝统治

▲ 清末男子服饰肖像照

▲ 清末江南普通男子着长袍马褂的照片

者就将赏赐黄马褂作为一种新的制度，对所谓“平叛有功”的武将赏赐黄马褂，名曰“武功褂子”。其实，仅仅靠皇帝个人的喜好，黄马褂就成了主子对奴仆的施舍，弄得很滥，就像历史学家郑天挺先生所言“拿来收买、愚弄、麻醉他的仆从们的一种工具”。越来越滥的黄马褂，就是涂着皇家专色的一件褂子，最终只落得一个地摊货的下场就不足为奇了。

到清末，服饰的变革速度变得急骤起来，清末徐珂撰《清稗类钞·服饰类》对康熙年间服饰变动做了记录，他说：“马褂较外褂为短，仅及脐。国初，惟营兵衣之。至康熙末，富家子为此服者，众以为奇，甚有为俚句嘲之者。雍正时，服者渐众。后则无人不服，游行街市，应接宾客，不烦更衣矣。”马褂是与长袍（长衫）一起穿的，合称“长袍马褂”，清康熙后期流入民间，到了清中后期与长袍一起，逐渐演变成了清代最具代表的男式便装。据此，有人就认为“马褂”是满人的服饰。诸多清代学者都不承认马褂是满人服饰，他们不约而同地将马褂的渊源追溯到汉魏时期的“半臂”、明洪武年间的“对襟衣”、明正德年间的“罩甲”。“半臂”，其样式类似于现在的短袖；“对襟衣”，是指汉服上衣两衣襟相对，因纽扣在胸前正中而得名；“罩甲”，形制为对襟、方领或圆领、无袖或短袖、衣身两侧及其前后开衩，很类似于当今的外套、褂子。形形色色的称呼，都表明马褂的源头并不是在清代。

▲ 身穿长袍的鲁迅与家人合影

辛亥革命推翻了统治中国两百多年的清王朝，结束了在中国延续了两千多年的封建帝制，作为封建社会规章的礼制随之瓦解，北洋政府颁布《服制案》，将长袍马褂列为男子日常礼服之一。1929年，国民政府公布《服制条例》，正式将蓝长袍、黑马褂列为“国民礼服”。长袍马褂随即成为很时尚的男子服饰，盛行不衰，此后，当女人们用旗袍把自己包裹得千娇百媚、占尽风流时，男人们则不动声色地把一件很简单的长衫穿出了中国男人特有的风度。

民国肇始，孙中山在致中华国货维持会的函件中明确要求：“此等衣式，其要点在适于卫生，便于动作，宜于经济，壮于观瞻。”用卫生、实用、经济、美观的思想来制作和选择服装，使服装与现代文明接轨，这是中国服装史的重大进步。

长衫是长袍的一种，长袍有棉、夹之分，单者为长衫，双层者称为袄，它保留了对襟立领、有的则是斜襟小领，内敛含蓄，很能彰显民国文人含蓄谦恭的君子风度。穿长衫者，是可称为先生的，似乎就多了一份儒雅与风流；穿短衫（短打）的则是体力劳动者。难怪上海闻人大佬杜月笙，早年贩卖水果，穿短袖露文身，晚年成了大佬后只穿长衫，也学得斯文了。正如鲁迅笔下的孔乙己，不论怎样穷酸潦倒，一件长衫是形影不离的。通常说来，许多知识分子和思想行为较为传统的男性，大多以长衫为主要服装，特别是民国在新派知识群体中，穿长衫、戴眼镜成了当时这一群体的普遍服饰特征。

衣裳时样年来瘦

——女子服饰

说到清代江南女子服饰，特别是贵妇人的衣饰，清初的样式与明代后期几乎相同，后来则是在清朝统治者的高压政策之下，逐渐形成清代女子服饰的特色。例如，女子平时穿袄裙、披风等。上衣由内到外为：兜肚—贴身小袄—大袄坎肩—披风。在上海纺织博物馆所藏的

▲ 清末女子服饰

▲ 19 世纪 70 年代，上海女子服饰

展品中，可以看到，一般女子大袄，因季节而分成单夹皮棉，式样多为右衽大襟，长至膝下，约身长二尺八寸。袖口，初期尚小，后期逐渐放大，至清光绪末年，又复短小，仅长一尺或一尺二寸，露出内衣，领子时高时低。外罩坎肩多为春寒秋凉时穿用。长坎肩可过袄而长及膝下，披风为外出之衣，式样多为对襟大袖或无袖，长不及地。

有钱人家女子的衣饰，通身以红罗为底料，用“一丝串”绣出金鱼、莲花图样，有“金玉满堂”的寓意。边饰厚重，分三层，最里面一层是白地丝织花边，最外面是“万花阵”织金锦包边。中间一层最重要，是在青纱地上以“一丝串”针法绣出金鱼、莲花，与正身纹样相呼应。至于裙子，下裳以长裙为主，多系在长衣之内。裙式多变，如清初时兴“月华裙”“弹墨裙”“凤尾裙”。光绪后期又出现裙上加飘带者，飘带裁成剑状，尖角处缀以金银、铜铃，行动起来，叮当作响。裙色一般以红色裙子为贵，喜庆时节，讲究着红裙，这种服色偏好由来已久，影响深远。江南乡村劳动女子或侍女佣人，由于上衣较长，一般只着裤而不套裙。

女子在新婚或行礼时，通常是在领、袖、前襟、下摆、衩口、裤管等边缘处施绣镶滚花边，作为装饰。很多是在最靠边的一道留阔边，紧跟两道窄边，以绣、绘、补花、镂花、带、镶珠玉等手法为饰。早期为三镶五滚，后来越发繁阔，发展为十八镶滚，以致连衣服

▲ 19 世纪 70 年代，上海官宦人家的女眷

本料都显见不多了。

由于受到封建礼教的影响，女性地位更多的是对于男性的一种依附。无论是满族妇女的旗袍，还是汉族女子“两截穿衣”的上装，虽然在面料、镶边、扣袢等细节上有过一些变化，其他并无不同。也许江南劳动妇女是个例外，大部分女子的服饰，总体上呈现出一个大“A”字的“帐篷”式结构，衣型鲜有变化。如此则可以掩盖女性的个体特征，也是从衣饰上体现出封建礼教对于女性思想的束缚与身体的约束，以提醒她们时时处处恪守妇道，安分克己，藏愚守拙。

鸦片战争之后，西方服饰形态和服饰文化深刻地影响和冲击了中国传统服饰，也冲击着传统的服饰审美和着装观念，这些时尚服饰形象的塑造提供了服饰审美风尚的理想标准，同时也逐渐发展为身份认同的视觉符号。时人评论说：“妇女衣服，好时髦者，每追踪上海式样，亦不问其式样大半出于妓女之新花色也。”因此“妓女效女学

▲ 清末美艳端庄的江南少妇执扇在照相馆拍摄

▲ 清末女子服饰，青年女子紧腰窄袖，老妇宽腰广袖

生，女学生效似妓女”，什么贵贱之等、夷夏之辨、男女之别，统统消失在追新求异的时装风潮中。

这种风潮在当时文人留下的竹枝词中可以窥见，服饰变革如同春花秋草一样，展现出旺盛的活力：

“素练重裙著地飘，轻纱障面避尘嚣。尽多玉立长身态，都为灵王爱细腰。”（李默庵《申江杂咏》）

“马路谁人策马来，欧西女子俊风裁。雕案侧坐明驮速，十幅湘裙洒不开。”（朱文炳《海上竹枝词》）

“腰细裙宽面障纱，飞尘影里驾轻车。谁知绝域多情女，解看江南二月花。”（张天翔《沪江竹枝词》）

说得最到位的是那位自称“观棋道人”写的竹枝词，“衣裳时样年来瘦，渐仿洋装显细腰”，这一句概括了女子服饰最大的改变，就是从原来的大A型的“帐篷”，仿佛变成了“身若束薪”的“干柴”，宽大的衣袖都采用了窄袖，紧袖口、领口的设计；腰部收紧，最大限度地将女性的腰线凸显出来，同时又能展现女性曼妙的身材。

“衣衫紧窄腰围小，凸乳高胸曲线明”，对于“显瘦”与“紧身”的崇尚，直到今天都还在产生着深入人心的影响。

此时反悔衣冠累

——官吏服饰

中国自古以来，改朝换代就得“易服色”，就是官吏服饰换装。例如明代朱元璋登基后，随即规定官员、士子的衣冠服制，甚至对他们妻儿的穿着，也作出详细规定。封建社会里的官吏服饰，是统治者的威权意志和统治正统性的符号体现，官服制度的改动与设计，不仅彰显着统治者自身的合法性，还可以视为一种政治理想的诉求和表达。

▲ 19 世纪 70 年代，上海道台涂宗瀛端坐，随从为他点烟

▲ 晚清江南官员冬季服饰

▲ 清末外交官伍廷芳穿着长袍马褂，作为钦差大臣出使美国、西班牙、秘鲁等国

清代官吏有许多坏习气，其中之一就是摆谱，显官派，从服饰衣冠上表示其身份的非同寻常。晚清李宝嘉《官场现形记》里的钱典史说，州县官要靠鸣锣开道显示“官”的身份：“做州县的，每逢出

门，定要开锣喝道，叫人家认得他是官。”服饰上的规定就更严格了，官服前后各缀有一块“补子”，用以区别官职差别，明代开始出现，并一直延续到清朝灭亡时才逐渐退出历史舞台，文官绣禽，武官绣兽，随品级而异。补子上除了有飞禽走兽外，还绣有江崖海水图案，寓意江山永固之意。补子均是由南京、苏州、杭州的“江南三织造”衙门组织工匠按照朝廷规制规定的尺寸、图案专门制作，官员不得私自改穿高于其品级的官服。

观察一个官员的着装，可以很明显地分辨出其等级和社会地位。具体来讲，包括外衣图案、帽子、帽子上的顶珠、珠子上的花翎、衣服上的补子，不同品阶的官员，均有不同的装束。清《扬州竹枝词》写道：“大官无计小官忙，伐树填河堵御方。无怪间阎皆闭砌，兵来何惧铁围墙？稍有钱文便保身，穷乡僻壤遍生春。翠翘金钿甘抛弃，不顾家园顾美人。门报衔牌予洗完，虚心宦仆胆先寒。此时反悔衣冠累，逃尽淮南候补官。”第一次鸦片战争期间，“大官无计小官忙”，讽刺大小官员在强敌压境之时慌张失措的丑态；“此时反悔衣冠累”，讽刺矛头直指当时身披官服的各类官员，骂他们自私无能，胆小如鼠，在国难当头之际，想的只是一己之私。这首竹枝词吐出了

▲ 晚清江南官员穿官服在户外亭子旁留影

▲ 20 世纪初穿长袍马褂的清朝官员

人民的怨气，有着强烈的时代特色。

如红色风兜，用红色绸缎或呢料做的风兜，原本是老年职官用的“风帽”，为一二品高官所戴。但至光绪年间，沪地用红兜者却比比皆是，故《沪北新乐府·红风兜》云：“绛云朵朵飞街头，十人而九红风兜。风兜虽红镶似锦，捐票官阶非极品。虽非极品，已非小民。职方如狗都督走，朝廷名器无乃轻。”从表面上看似乎“服饰逾制”，实乃意味着这个腐朽的王朝也快走到尽头了。

民国建元，与政治紧密相关的“易服”也被提上了日程，然而在具体操作层面，旧服该如何脱，新装该如何穿，也是当政者很头疼的一件事。1912年5月，刚就任临时大总统不久的袁世凯便命令法制局，“博考中外服制，审择本国材料，参酌人民习惯以及社会情形，从速拟订民国公服便服制度”。临时参议院6月公布的《服制草案》中，便明确了男子公服为西式，并对样式、颜色、用料等方面作了详细的规定。

在民国临时政府颁布的《服制草案》上，原本被提议为男子日常礼服的并不是长袍马褂，而是“深衣式”和“玄端式”长袍。这种失传已久的衣服式样，很难真正被运用到日常生活中。后临时参议院便不得不对草案作出修改，将人们更为熟悉的长袍马褂列为男子礼服之一。所以，长衫在民国大行其道。

衣取称身何必美

——士绅新装

从晚清到民国肇始，再到新文化运动爆发，其间社会发生空前巨变，社会各阶层也有许多的变化与重组，市民生活，表现在衣着风尚方面也是潮起潮落，交错杂陈。士绅阶层，包括相当多的知识分子，他们的衣着既反映着都市社会的物质文明渐趋改善，也折射出社会变迁的时代浪花。

▲ 晚清士绅服饰以袍褂为主，兼有西服

清末士绅阶层已成为社会的中坚力量。今天，“士绅”已是一个比较笼统的称呼，但在当时却有严格的定义。士者，“天子、诸侯、大夫、士”中的士也，即大夫们生的嫡子，才能够叫“士”，大夫们的妾生的孩子还不能叫“士”，只能叫庶民；绅者，本义是指腰带，不同的腰带，代表不同的身份，这里指地方上有名望有势力的名士。16世纪末到17世纪初，明朝开放了可以通过捐钱获得监生资格的门路。于是在这个时期，江南不仅涌现出了许多富商大贾和中产家庭，与此同时生员和秀才的数量空前上升，他们也前所未有地拼命要挤入上层社会的行列。

晚清的江南士绅，出身名门，在乡里也算是有头有脸的人物，包括占有大量土地，靠收取租税为生的地主；也包括致仕退隐的官僚；当然还包括饱读诗书，有些名气，但还没有做官的读书人，如秀才与无仕的举人等，这时出现的士绅新装，早已冲破朝廷规定，一改布素而追求绮罗锦绣，颜色趋于华丽鲜艳，质地追求丝绸绫罗，式样追求奇异翻新。

▲ 1908 年西德尼 · 甘博拍摄的江南士绅

清同治十二年（1873），上海士绅李平书考入龙门书院。集爱国民主于一身，谨守清正廉洁的为官之道，奉行开明政治主张，积极投身地方自治运动，关心民生，热心公益。其家族三世知医，其医道相当高明。他在武昌担任武备学堂提调时，闲暇时间较多，便研究

《素问》《灵枢》两部医典，写成《读素随笔》两卷。光绪三十一年（1905），他与张竹君共同创设女子中西医学堂，李平书教授中医，张竹君教授西医。

当然，在士绅阶层中，也有朴实无华、忧国忧民的佼佼者，如晚清温州知名士绅王德馨（1820—1888），也是一位诗人与诗评家。他的家庭生活，既有与妻共同赏梅赏月，与家人共读诗书的温馨；也有家遭火灾、背井离乡的无奈，以及父兄离世、妻亡子夭的悲痛；还有他自己“九赴乡试不售”。因自幼受父亲“读书报国，守业保家”训教的影响，19岁时因辞赋出众，选拔为县学生，开始以读书起家。

1862年，永嘉知县陈宝善等私匿謄黄（旧时皇帝下的诏书），督征益严。王德馨作骈文《匿旨擅徵揭》和诗《拟元次山贼退示官吏》，广为张贴，严词谴责。正是在他的口诛笔伐下，民众奋起抗争，与官府相抗达两月之久。官府遂要逮捕他，王德馨也因此事蒙难流亡，远涉异地，5年后才回到家乡。王德馨曾经赋诗：“衣取称身何必美，食惟充腹弗求丰。”“治心如治田，种德如种谷。美成贵在久，器大讵求速”，他豁达的人生态度和“牺牲一身，谋社会之共利”的利济精神，是特别受到乡人尊敬的。

▲ 清末上海士绅李平书肖像照

▲ 民国士绅名人章荣初与马璧如夫妇怀抱周岁儿子的合影

按照古代“县不下乡”的政治制度，一般乡村由乡绅治理，小到邻里纠纷，中到修路建桥，大到联防土匪，收取租税，没有乡绅和士绅的治理，基层社会就不安定。当然，这种治理方式的负面作用也很大，遇到开明士绅，则百姓幸甚；但如果遇到贪赃枉法的，百姓就得遭殃。为什么新中国成立前乡村“地主恶霸”特别多？因为乡村的晋升之道，就是富农想变成小地主，小地主想变成大地主，大地主想做官，财富就是通过压榨贫苦农民而积累起来的，尤其是小地主多的地方，民风极其败坏，给

▲ 1907 年上海士绅李平书与张竹君创办女子中西医学堂首届中医学预科班学生毕业合影，左侧为李平书，右侧为张竹君

当地民众带来深重祸害。所以，在一窝蜂为“乡绅”“乡贤”叫好的同时，也不应忽视事物的另一面。

缟素衣裳偏称体

——平民服饰

封建社会，人分贵贱等级，其贵贱也与服色有关。煌煌龙袍，“垂衣裳而治天下”，那是天子的服装。普通百姓，只能穿布衣，而且只有褐色或黑色，所以百姓被称为“布衣”。这不是谦虚，是古代的传统，秦王朝宰相李斯，说到自己未曾官运亨通时，称自己“乃上蔡布衣，闾巷之黔首”。上蔡在今河南省，闾巷是一条小街道，是李斯的出生地，黔首意谓“平民”，与“布衣”异曲同工。

当然，没有什么官职的人，也会引用古代的说法，自称“布衣”，也是对的，因为古代纺织用的材料有蚕丝、葛、苎麻和大麻

（又称“汉麻”或“火麻”）等。每种材料由于加工工艺不同，又各有精细和粗糙之分，平民百姓往往以麻制的较粗糙的布为主要衣料。这种衣料容易得到，价格也低廉，对老百姓来说，有个温饱，有件粗糙衣服穿就很不错了。

清末，江南流行的服饰，依然沿袭着封建国家的传统服制。袍、衫、马褂、袄裙等是当时的主要款式，服装造型平直宽大，讲究繁琐费时的刺绣、镶、滚、嵌等工艺，并强调性别标识和身份标识的功能。直至上海开埠初期，江南吴方言区民众的服饰仍基本保持一致。平民中的读书人以长袍打扮居多，而体力劳动者大抵是短装，一般社会下层及劳动人民流行穿青色或灰色的粗布衣服。

裤，古代汉语里写作“袴”“绔”。据史料记载，大约在大禹时代，就已经有了袴。《格致镜原》引《物原》的说法：“禹作袴。”按《释名》说法：“袴，跨也。两股各跨别也。”可见“袴”字的来源与穿着姿态“跨”有一定的关系，强调的是两腿分穿。古代的农夫、仆役等身份地位低下的人，往往上身穿短衣，下身穿合裆裤，称为“裋褐”。一般平民劳动者，需要经常干活，穿太多衣服影响劳作，又很容易将衣服弄脏，他们也不会在裤子外面再加衣裳。

已经忘记是哪个历史学家说过的，通常修史皆以政治史、战争史为要。记述的是朝代更迭、部族冲突、战争胜负，叙事宏大、波澜壮阔，皆时代潮流，谓之“大历史”；反之，即谓“小历史”，如城邑

▲ 清末江南在水田劳作的农民，坐在田头抽旱烟

▲ 清末江南某地正在吃饭的劳工，他们几乎都穿着大襟衣衫

▲ 清末江南披着蓑衣的年轻农夫

▲ 1910—1911 年间，上海码头上盘着辫子的工人，正在观望着什么

变迁、家族兴衰，包括衣食住行，“衣”的历史亦然。以衣为例，凡大历史里的大小人物之衣着，都是其所属时代的具体形象，既是历史人物的身份、符号，亦是那个时代赋予的科学技术、工艺水平、社会伦理和审美意识的综合体现。

20世纪20年代，正是民国时期的中西服饰混搭之时，一般官员和知识分子大多保持长袍、马褂装束，从欧美留学回来的留学生大多穿西服，普通的贩夫走卒则是短打，这是时代惯性和长期着装习惯使然。广大劳动群众，即使能混个温饱的小职员、小账房之类的职业，也很难穿上民国的“时装”，因为他们绝大多数依旧在贫困线上下挣扎，当时的体力劳动者基本还是头戴瓜皮小帽，穿着清末的短衫短袄加中式裤，俗称“短打”。他们的配偶穿圆大襟短袄褂，单、夹、棉一式，缝缝补补，其穷困状况一目了然。日本帝国主义的入侵，加剧了国民生活的困苦。食不果腹，衣不蔽体，实非虚语。

平民家庭的衣服大多数都是自己缝制，以前，袜子破了自己补，裤子破了也是自己缝，衣服穿旧褪色了，将衣服翻过来重新缝一下，也会感觉新一些。民国时期流行的“新三年，旧三年，缝缝补补又三年”的顺口溜，就说明一件衣服要穿好多年。一些心灵手巧的农家女

▲ 1934 年无锡街头一名戴毡帽的老人

子为人实在，把对家人无言的情感，倾注在女红针线活上，相夫教子，侍奉公婆。有了孩子，还给小孩做衣衫花帽，给老婆婆做三寸金莲鞋等，她们是民间服饰最出色的生产者。

白屋朱门无懒妇

——江南农妇

中国现代诗人戴望舒《雨巷》描写了多雨的江南，粉墙黛瓦，连同小桥流水人家，静静的河流，两岸垂柳成行，烟雨蒙蒙。人走在雨天巷子里打上油纸伞，丁香花在窗格下盛开，拱桥一座连接着一座，冷漠，凄清，惆怅……定格在打伞女子的背影里。

其实，就以江南农妇而言，这幻化出来的神态寂寥、踽踽独行的江南女子身影，只存在于诗人的想象里。现实中的江南农妇，还是背负着生活的沉重压力，雅致也好，风雅也罢，那是很少的一部分闲得无聊的俏佳人的矫情。历史上的江南农妇，光鲜的背后是她们应对艰

▲ 20 世纪 30 年代，江南乡间的一位农妇

辛生活的不懈打拼。

先说织妇，历史上江南各地棉花种植及加工业发达，妇女的日常生产劳作与纺纱纺线有关。江苏南汇（今属上海浦东）人丁宜福在《申江棹歌》中写道："听莺桥畔有荒祠，报祭黄婆莫太迟。白屋朱门无懒妇，木绵纱细似蚕丝。"描绘了松江府妇女纺织情况，白屋和朱门分别指穷人与富人。在乡间，无论家中经济状况如何，妇女都要从事纺织生产。"莫羡松绫花色好，经年织布妾无衣"，穷人家纺织的布料用于出售，贴补家用，可经年累月地纺织，她们自己还是穿不上光鲜的衣裳。

白天，江南农妇还要与男人们一起下田耕地劳作。春天的插秧，其实是个力气活，连续多日赤脚泡在水田里，整日弯腰曲背，被蚊叮虫咬，苦不堪言，一个插秧季下来皮肤溃烂是寻常事；到了收获的季节，无论哪里都是一片金黄，收成上来要忙着打场晒谷，也是一个苦活。白天忙完了，夜间还要纺纱织布。宋范成大在《四时田园杂兴·其三十一》中写道："昼出耘田夜绩麻，村庄儿女各当家。童孙未解供耕织，也傍桑阴学种瓜。"丁宜福的《申江棹歌》云："银河射角漏初残，估客宵眠梦欲阑。夜半纺车声不断，中心河上月如丸。"其时看似闲适，其实也从另一侧面道出了农家的忙碌和辛劳。即使到了民国，上海成为中国棉纺织业的大本营，其背后依然是无数

▲ 20 世纪 20 年代，太湖之畔的 4 位农村年轻女子

▲ 20 世纪 40 年代，南京乡下摘棉花的农妇

▲ 20 世纪 30 年代，江南农村穿土布衣服的年轻农妇

江南女子的辛劳，纺织品的成本低廉，其背后是乡村妇女夜间、雨天等空余时间高强度的劳作。

江南农村大量种棉、采棉、制衣等营生，乡村农妇也是主力军，清代吴县人叶廷管作《浦西寓舍杂咏》：“花田妇女剧艰辛，忙月时时更乞怜。几度陇头过笠影，捉花人即脱花人”，对江南农妇流露出深深的同情。光绪年间的南翔人陈松撰《槎浦棹歌》，多达一百首。几乎就是近代南翔的“百科全书”，其中记录了妇女采棉之事：“占晴课雨听田家，远近村庄笑语哗。少妇入厨忙未了，小姑催伴捉棉花。”采棉虽苦，但在村妇们眼中，忙中有乐，不亦快哉。在种棉、采棉后便开始纺织，棉花经纺纱织成布匹后，乡村农妇们就又要开始给男人、孩子筹办衣裳了，“收得紫花还织布，弹成新絮制棉衣”。江南农妇手里密密缝缝的针线活，让全家老小永远留在温暖的氛围里。

江南女子耕田是好手，纺纱织布是巧匠，除棉纺织业外，蚕桑业也是江南地区的特色产业之一，桑蚕之地，采桑养蚕，也是农妇的特色活儿，清代浙江嘉善人陈祁作《清风泾竹枝词续唱》：“垂杨村北又村南，小女闺中惯养蚕。陌上捉笼勤采叶，渔场宵梦不曾谙。”可见，养蚕的活儿，不独是乡村农妇的活计，即使是未出阁的黄花闺女，也要助力家庭从事这样的劳作。吴天仁《田家竹枝词》吟道："蔷薇花发育蚕忙，姊妹携筐共采桑。浴罢冰蚕娇乏力，淫淫粉汗自生香。""夜半枕边唤夫婿，莫念酣睡已三更。"三更便要起身，给蚕添桑喂饱，不经过养蚕劳作的人，实际上是很难体会其中辛劳的。

当然，近代江南农妇的日常生计，除了棉纺织生产、采桑养蚕之外，田间妇女还需要帮助男子进行一些农耕的重体力活，至于海边渔妇们则担负着辅助网鱼、操舵、结网等职责。男女劳动者依据人体生理条件的差别，而在生产活动中实行性别分工，已有久远的历史。中国古语"男耕女织"，倒是真切地道出了千百年来普通百姓在辛苦劳作中的大致分工。

▲ 民国时期太湖沿岸碾米作坊，江南农妇的背影折射岁月沧桑

▲ 清末文人雅士约友谈天论道、纵论古今

▲ 1900 年江南读书研学的学子

青年士女各情长

——青年士子

晚清的最后几十年，如同落日余晖。青年士子，指青年知识分子和读书人，他们的命运与社会变动和转型紧密相连，他们的服饰也是夕阳下最后的一抹亮色。文人学士的服饰，一般表现为“剃头留辫”的发式，将前颅发剃光，后脑梳成长辫垂于背后。衣衫也比较简单，没有花里胡哨的改变，身穿长衫，合领右衽，两胯开衩，长至足。下身多穿中式长裤，上衣合领对襟，袖长至腕，套有蹄袖。衣料多为锦缎所制，饰有同色暗团花。脚蹬布鞋。他们虽然不是掌握权力的上层人物，但也不是缺衣少食的底层百姓。他们属于“中间阶层”，在社会转型过程中，因文化自信的失落及文化重建屡遭挫败，这个阶层的

▲ 民国初年一位执折扇的青年知识分子

▲ 晚清一个少年在玩抖空竹，上海话叫“扯铃”

青年士子群体产生了明显的文化焦虑心理。

清末，长衫也代表了身份，一般来说有一定经济基础和文化水平的人穿长衫，体力劳动者或平民百姓穿短衫。鲁迅小说《孔乙己》中说咸亨酒店里能出十几文钱，买一样荤菜的多是“短衣帮”，也就是普通劳工；而“只有穿长衫的，才踱进店面隔壁的房子里，要酒要菜，慢慢地坐喝”，孔乙己是“站着喝酒而穿长衫的唯一的人”。

很显然，时代向这些传统的青年士子提出了新的挑战。他们熟读的四书五经已经解决不了国家败亡的问题，而这些传统的知识在近代经济、政治、科技、外交等问题的应对上，又是他们的短板和弱项。1895年中日甲午战争失败，深深刺激了当时的青年知识分子，加上义和团运动和八国联军侵华事件的打击，他们普遍认识到必须学习新知识，变法图强。1905年，清政府废除了科举制度，传统的读书人丧失了进身之阶，尤其是那些有秀才、举人功名的，头上的光环逐渐暗淡。不少人顺应潮流，或出国留学，或上新式学堂，或接受了基督教，做起了传教士。以基督教为媒介，他们接触到西方的政治、科技等新知识，通过更新自己的知识保持在地方上的影响力。那些最为激进的读书人，则走上革命道路，成了时代的弄潮儿。

民国建立，那些旧时代的顽固卫道士、遗老遗少，坚守原先的服饰，长袍马褂，头戴瓜皮小帽，足蹬双梁布鞋，脑后拖着一条黄毛小辫。对新社会这也看不惯，那也看不惯。一般的青年士子意识到，经历过文艺复兴和工业革命的西方文化，代表了当时世界上的先进文化，而民国应全面学习西方，当时有个叫曾有澜的参议员，曾踌躇满志地说，既然民国奉行的是世界大同主义，“礼服即用西洋礼服可矣”。

1912年5月31日，《申报》报道：一位青年学生“以极沈挚之态度登台演说外洋衣帽畅销全国之害，说毕，即抽刀断指，大书‘请用国货’四字，鲜血淋漓，张挂门外，一时鼓掌之声如雷。继又有一青年学生未及冠亦上台演说，语尤激烈，竟痛骂到会诸人之着外国服装者。说毕，亦抽刀断其一指，血书‘用外货不用国货亡国奴也’十一字”。时人反对西装的现实原因，是西装为代表的西洋衣料进口，伤害了当时羸弱的民族工商业的发展。

当然，西装也确实触碰到青年士子心底最柔弱的一块：如果中国人都穿起了洋装，那么泱泱中华文明在世界上还有立足之地吗？清朝覆灭后，中华文明却没有中断。民国时期有竹枝词：“放学归来正夕

▲ 1918 年苏州东吴大学学生合影，他们尚少穿西装

阳，青年士女各情长，殷勤默数星期日，准备消闲劝业场。”尽管当时留洋蔚然成风，去西洋，进东洋，学子们得以扩大自己的眼界和知识面；但他们回国后却仍旧喜欢穿一身老旧过时的长袍马褂，以示其继承中国传统文化之志。然而，进入军阀混战的时代，秀才斗不过兵，一切都靠拳头硬，靠军事实力说话，这些青年士子在地方上的影响力也就逐渐减弱了。

衣裳朴素容幽静

——女学生装

封建专制主义的古代社会，奉行“女子无才便是德”，阻碍了女子接受教育的通道，即使大户人家对女子教育，也只是养在深闺，传授一些“女德”“女范”“女红”之类的传统内容。直到晚清，西方

▲ 20 世纪 10 年代末，身穿袄裙的邓颖超

▲ 五四时期的女学生装，成为 20 世纪 20 年代最时髦的女性形象装扮

▲ 民国初年，江南一群身穿统一制服的女学生在拍摄毕业照

教会在我国开办女塾、女子学堂，外国传教士相继在通商口岸城市设立多所女学，才开启了中国近代女子学校的先河。

1924 年《妇女杂志》载文曰：“无论在哪个社会里，风俗的转移，嗜好的转移，一般无知识阶级的人，都看那些有知识阶级的人为标准的。妇女装饰的风俗，完全看教育界妇女的嗜好为转移的。”能够将女子送到学校去读书，一般都是家境较好的大户人家。青年女学生和知识分子中不乏将西化进行到底的人，甚至穿着男装的打扮，立志与传统社会决裂，但更多人则主张中式改良，中西合璧才是主流，而最先出现的便是简单素净的“文明新装”。

文明新装是民国初年，融合西洋服饰元素和中国传统服饰特点而形成的服饰，形制为腰身窄小的大襟袄，摆长不过臀，袖短露肘或露腕，并呈喇叭状，袖口一般为七寸，称之为“倒大袖”，衣服的下摆多为圆弧形，并在领、袖、襟等处缀有花边。

在文明新装的基础上，除去装饰的花边，衣料颜色以素雅为主，就形成了20世纪20年代前后，女学生服装的基本格调。李伯元在《文明小史》中曾描写过上海虹口女学堂学生的打扮：“一个个都是大脚皮鞋，上面前刘海，下面散腿裤，脸上都架着一副墨晶眼镜，

▲ 民国时期江苏南京女学生服饰

二十多人，都是一色打扮，再整齐没有。”这种整齐划一的穿着，类似于今天的校服。

近代不同时期、不同学校的校服，也经历一个曲折演变的过程。从1917年夏季开始，京、沪等地流行一种无领、袒臂、露腿的女装，不仅在大城市流行，而且在一些交通较便利的中小城市也成为时髦。所以严格地说，制服式校服大约出现在20年代。当时的教育部门在传统服饰的基础上加入一些时尚元素，倡导“文明新装”，随后各省纷纷执行，使得女学生的装束风格进一步符号化。她们的装束以素净、雅致为风格，短发或结辫，衣短至腰下部，裙长至小腿中部，洋袜皮鞋，已经成为当时女学生的典型流行装束。

在崇尚奢华、追求时髦的清末民初，女子校服的出现，无疑是一股清流，其共性就是要求朴素淡雅。当时忧患生作竹枝词赞道：“或坐洋车或步行，不施脂粉最文明。衣裳朴素容幽静，程度绝高女学生。”一时间，学生装成了“知性”“高雅”“有文化”的代名词，成了那个时代女学生的标准形象，在社会上广泛流行起来。这种服装

▲ 民国时期上海清雅端庄的女中学生合影

被称为“学生装”，一时间，“女学生”一词成了时髦的象征，她们的装束也被争相效仿。

20世纪30年代以后，上海、南京的女学生装，盛况空前，大多数学校女生的校服，以朴素大方为主流，式样变化的布质长旗袍、搭扣皮鞋、齐耳短发，成了女大学生的标准形象。除了上学时必须穿的校服，女学生的服饰更加丰富多彩。在迎新聚会、开学或毕业典礼，乃至节日庆典活动，很多学校鼓励学生展示自己风采，允许穿其他服饰，于是各种潮流的时装服饰，争奇斗艳，校园里就会上演一场场“时装秀”。

青年女学生敢于求新求变的热忱，加上受中西文化交融的影响，自然有风气大变的感觉，令国人眼前一亮，其经典的款式得到了社会的认可和追捧，青年女学生在那个时代也因此成为时尚的引领者。

自昔通行百裥裙

——女子裙服

“十从十不从”的政策使得清代女装满、汉两种服饰形态并立，在民族融合的过程中，女子服装也呈现出了满汉相融的特征，晚清女性服饰有一个特点：即满人女子可以穿汉人服饰，女子服饰并没有完全与明代服饰切割。原来汉族女子所穿的裙子，也逐渐为一些满族女子所接受，到清末，裙子也成为满汉两族女子都喜欢穿的服饰。晚清普通妇女日常穿用之裙有马面裙、百裥裙、鱼鳞裙、凤尾裙、襕干裙等类型。

民国肇始，受西方文化的影响，1912年10月3日，中华民国政府颁布了《服制》，主要内容是男子礼服分大礼服、常礼服两种。遇到丧礼时，男子左腕配黑纱，女子胸前系黑纱结。礼帽、礼靴也有相应的规定。服制的规定打破了等级界限，不分尊卑贵贱，即使宫廷的遗老遗少无一例外都要遵守服制平等的原则。其中，中山装和旗袍都是

▲ 晚清着马面裙、执折扇的贵妇

▲ 1913 年着马鞍领荷叶边裙的女子

沿用西服的审美价值，结合中国人穿着的习惯，对传统服饰加以改制的新服饰。

袄裙受西方服饰的影响逐渐变得华丽，裙裤在20世纪20年代末开始流行。与上衣的紧身和缩水相比，下装的变化其实更具有打破传统的意味。民国新闻记者曹聚仁《上海春秋》曰：“诗礼人家，妇女一起床，便穿上了裙子，直到晚上睡觉才脱掉。”在一些大家庭里，旧时服制上的等级观念并未扫除干净。在比较正式的场合，只有正室才能穿大红的裙子，不管是多么得宠的姨太太，在这个时候也是不能僭越的。

清末梦花馆主著《九尾狐》第15回说当时沪上名妓胡宝玉，是个在穿着上特别敢于标新立异的人物。她“穿一件蓝地金花闪缎夹袄，束一条大红百褶绣花裙”，而社会公众对她的装束，不是谴责，而是仿效。据说胡宝玉每出一种新的装束，每换一种新的发式，比如前刘海，“就是大家小户，不论奶奶、小姐，以及仆妇、丫环都争相效仿”，“初不过在上海一隅，渐渐蔓延开来，弄得北京、天津与那

▲ 清末一个大户人家小姐和贴身丫鬟合影

苏杭一带处处皆然”。

到20世纪20年代，上海有关女子裙裤的礼数与禁忌，终于被一股脑儿地冲破了，正统人家只有正室才能穿的大红裙子，连青楼女子也穿上了。

时尚就是在一次次仿效中形成的，传统社会所形成的有关裙子、裤子所蕴含的区隔和等级观念逐渐地被人们抛诸脑后；相应地，一种新的时尚观念在悄然形成，不论什么身份地位的女子，只要愿意，又有条件，怎么搭配着好看，怎样能够花样翻新出风头，就怎么去穿。于是，很多模仿西方裙裤的前卫、时尚、花样百出的元素，快速地出现在了中式的裙装和裤装上。

传统的中国女裙款式虽多，基本的样式却是前后有平幅裙门，两侧打褶，而且很长，只允许走路时微微露出一点莲尖。到民国初年，两侧打褶的样子显得老旧了，出现了全幅打褶的百褶裙。还有半中半西的裙子，裙身比较窄小，像西裙一样有很多假扣，“裙腰不必两分开，假扣匀排亦怪哉。既学西洋层锦簇，如何下幅紧围来。”（朱文炳《海上光复竹枝词》）时代已经大变，裙裤之变，只是时代之光的

▲ 清末江南大户人家女子

▲ 晚清两个穿裙裤的女子

一点折射而已。

上海之浦南，妇女则把原先的襕裙，自后围向前以束裙腰，系在衣服的外面，到了民国初年，徐珂《清稗类钞》说她们将“腰肢紧束，飘然曳地，长身玉立者，行动袅娜，颇类西女”。与此同时，女子开始反感传统服饰大红大绿的色彩，摒弃显得“乡气和土气”的色彩，而仿效洋装追求服饰色彩上的素淡与搭配的和谐，“家家姐妹费商量，不斗浓妆斗淡妆。想是名花宜素艳，一齐浅色着衣裳”（袁祖志《沪北竹枝词》）。她们有的“缟素衣裳偏称体，淡妆不着石榴裙”（招隐山人《申江记游》），有的则是“杏燕花新锦地纹，红灰衫子白灰裙”（袁祖志《申江竹枝词》）。

女性的标新立异之心一旦被激发起来，就难以抑制了，一心追求对裙裤一类衣饰的花样翻新，以显示与众不同的个性。这股潮流也推动了各种中西式绸缎衣料店铺的生意红火，颐安主人在《沪江商业市井词》中就提到过“广洋杂货号”“本色洋布号”“绸缎顾绣庄”“湖绉庄”“纱缎庄”等，在它们的推动下，略带洋气的裙裤得以迅速红了起来。

第二章

剪辫、放足与等级服饰制废除

清末民初社会风尚发生了巨大变化，男子留辫习俗被革除；女子裹脚习俗的劝禁，促进了妇女的觉醒和解放；身份等级制度的废除引起了称呼、礼节、服饰等方面的巨大变化。

缠足，作为一种畸形的社会审美意识，经历了一个漫长的形成、发展和变化过程，先在宫廷和上层社会妇女中流行，北宋后逐渐扩展到下层妇女，到明清时期已普遍社会化。缠足，必须活生生将龀齿未易的幼女的脚裹紧，使之骨节折断，皮肉溃脱疮疡，脓血狼藉，令人痛彻心骨，不寒而栗。戊戌变法期间，在康有为的一系列变法奏折中就有《请禁妇女裹足折》，痛斥“女子何罪，而自童幼，加以刖刑，终身痛楚，一成不变，此真万国所无，而尤为圣王所不容者也。”废缠足的建议得到光绪皇帝同意令各省督抚推行，但还未及具体实施，戊戌政变发生，慈禧训政，各种“不缠足会”被迫解散。

1912年，中华民国临时大总统孙中山下达《令内务部通饬各省劝禁缠足文》，“通饬各省一体劝禁，其有故违令者，予其家属以相当之罚”。此后，城市妇女带头剪发放足，农村激进女青年说服父母踊跃剪发放足，“不待命令，自解放，风靡一时”。

1912年，民国政府参议院仿照西方各国服饰颁布了男女礼服的形制，规定男子礼服分大礼服和常礼服两种， 女子礼服采用传统的上袄下裙样式。随后，又陆续颁布了地方行政官、外交官、警察、陆军、海军、检察官、监狱官等人员的服制。1929年，民国政府又重新颁布《服制条例》，规定男子礼服为袍、褂和国产制的中山装，中山装夏天为白色，其他季节为黑色。女子礼服则分袄裙和旗袍两种。这次规定的服饰主要是男女礼服和公务人员制服，对于人们日常穿着便服，则未作具体规定。

服饰等级泾渭分明的色彩开始出现松动。辛亥革命后，身份等级制度被废除，与服饰相关的种种限制也相应地作废了，这是中国社会从传统迈向现代进程中的重要变革，它不仅改变了人们的外在形象，更深刻影响了社会的思想观念与文化形态。

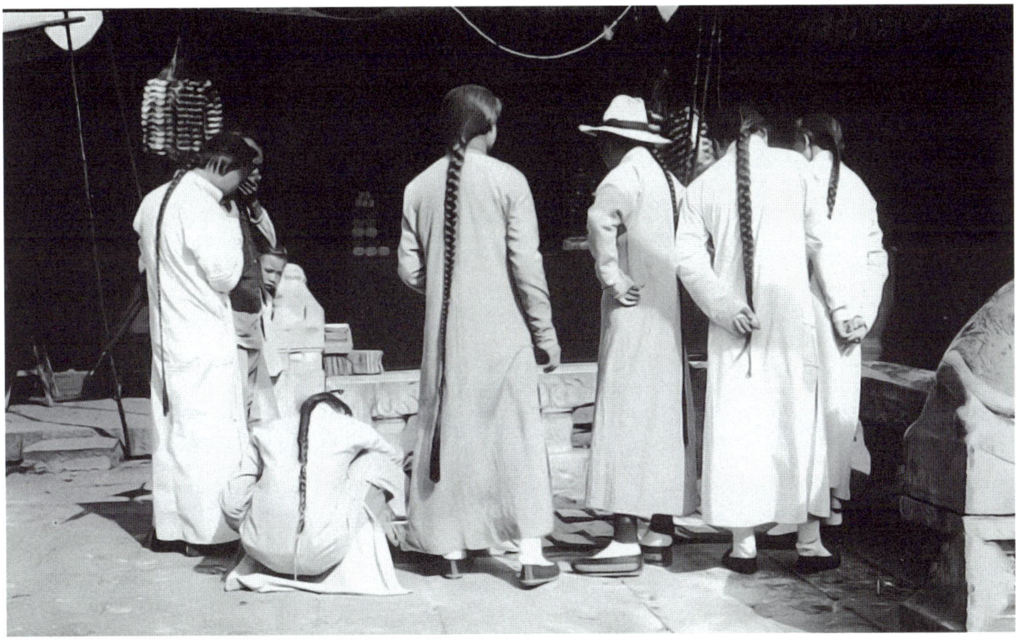

▲ 清末一群上海青年逛城隍庙书摊，拖着又粗又长、油光闪闪的大辫子

拖尾曾经各国嘲

——剪辫风潮

按照古俗，汉族男子一般是不留辫子的。古代男子蓄发不剪，举行成年礼时，束发于顶，加冠其上。剃发和留辫原本是满族人的风俗，满族先人梳辫发，金天会七年（1129）曾下旨，凡女真人皆留辫发。所谓“留辫发”，就是把前额至脑后的头发剃去一圈，将留下的长发编成一条长辫子，垂于脑后。

后金天命六年（1621），努尔哈赤攻下辽沈后，即大规模地强迫汉人剃发留辫。清顺治元年（1644），清兵入关，攻占北京。为了用同化风俗的办法来剪除汉人的民族意识，消弭反清意志，于顺治二年（1645）六月初五，颁布剃发令，强制关内人民一律剃发，严厉地实行了“剃发令”：“官民尽皆剃头”，违令者“杀无赦”。当

▲ 清末剃头匠在街头为男子剃发编辫

时不仅有“留发不留头，留头不留发”的政令，而且还有“一个不剃全家斩，一家不剃全村斩”之令。这是明清之际风俗史上的重大事变，中国儒家传统历来有“身体发肤，受之父母”的祖训，许多人为此宁愿掉脑袋也不愿剃发。

清入主中原后，凭借暴力政权，强迫汉族臣民实行满族的风俗。从此，中国男子脑后就多了一条长长的发辫。鸦片战争之后，欧风美雨东渐，大批先进的中国人开始走出国门，学习西方文化和先进的技术。他们耳濡目染了西方的生活方式，痛感中国的落后与后脑勺上的这根辫子有关。西方人侮辱性地称这根辫子为“pig tail”（猪尾巴），为了改变这种受歧视的状况，有些留学生把辫子盘起来；有的人索性早早地把辫子剪掉了。戊戌变法期间，康有为进呈《请断发易服改元折》，指出："欧美百数十年前，人皆辫发也，至近数十年，机器日新，兵事日精，乃尽剪之，今既举国皆兵，断发之俗，万国同风矣。"以辫子不利于打仗、不便用于机器、不利于卫生，且为外人耻笑，主张剪辫断发，可谓是对这种留辫习俗的严正抗议。

▲ 1912 年，一位年轻人剪辫之前特地在照相馆留影，与自己的长辫作最后的告别

然而，资产阶级民主革命家号召民众"剪辫断发"，就像当初留辫子一样，同样遭到封建守旧势力的顽强抵抗。当时《大公报》刊登一首新竹枝词，吟咏剪发："拖尾曾经各国嘲，登坛提议辩滔滔。愿将万缕千丝发，付与并州快剪刀。"在这场剪辫运动中，有人做了先行者。

那时，辫子在中国社会不仅是一束头发，它还维系着千家万户同王朝和传统之间的一种联系。当年为了抵制后脑勺上的这根辫子，几十万人被杀头，但经过两三百年的习俗养成，许多人已习惯成自然，这根辫子又被看成民族标志和审美符号。中日甲午战争，清政府战败割让台湾，当地同胞就曾以拒绝剪辫的行动表示不归顺日本统治。在这场剪辫风潮中，据说两江总督瑞方为了说服他儿子不要剪辫子竟花去了八千大洋。

▲ 1911 年 12 月 31 日，孙中山就任临时大总统的前一天，南京的军警开始在街头强行剪除路人的辫子，以此宣告清政府的倒台，共和的开始

剪辫断发，在辛亥革命初期，就这样成为一场严肃的政治抉择。1912年，孙中山在大总统令中规定中华民国的公民必须剪除辫子。此后，剪辫不再是一种倡导的口号，而是必须执行的政令。1911年12月31日，上海城厢和租界剪辫活动达到高潮，剪平头的一律免费；留分头的，请专业理发师剪理，仅收费一角。前来剪辫的人络绎不绝。同日，通俗宣讲社在大东门火神庙举办 "剪辫易服会"，1 000余人参加。经过发起人慷慨激昂的宣讲鼓动，当场就有300余人剪去了辫子。最有趣的

是，有个名叫徐志棠的富商采用奖励办法，在公共租界畅园茶馆设摊，宣称三天内来此剪辫不收费，并奉送大肉面一碗。此招果然灵，剪辫者纷至沓来，每天送出数十碗面，三天共有250多人前来剪辫。

可是，相沿几百年的积习总是难返，政府不得不采取强制剪辫手段，一时闹得人心惶惶。城里人上街把辫子藏在帽子里，乡下人进城盘着辫子盖着斗笠，都想蒙混过关。但上街是生活之必需，一经发觉，剪刀无情，被剪者敢怒不敢言。后来张勋复辟，那些剪了辫子的遗老追悔莫及，一面出来喊叫缉拿革命党，一面摸摸自己后脑勺的“猪尾巴”又都不在了，弄得啼笑皆非。

▲ 民国建立，一位剪了一半辫子的年轻人体现了革新与守旧的彷徨心态

天足徜徉极自由

——废止缠足

缠足是残害女子身体的一项陋俗，相传是南唐后主李煜所倡导。李煜很喜欢看后宫女子跳舞，就搭建了一个六尺高的金莲花台，让一个叫窅娘的女子尽情跳舞。窅娘站在台上，感觉自己赤脚跳舞不好看，就用织锦把脚缠成月牙的模样，结果舞起来身姿显得特别轻盈。此举也是循着古代的传播规律：“吴王好剑客，百姓多创瘢。楚王好细腰，宫中多饿死”（《后汉书·马廖传》），缠足的习俗就这样形成了。从南唐到南宋中后期，缠足经历了从对足部无损害到有损害的过程。原本只是舞蹈中美化足部的方法，随着时间的推移，变成了对女性审美的普遍要求，可以说它是男权统治下的社会对女性之美的一种畸形塑造，也是一种病态的社会风气。

缠足陋习在中国历史上荼毒千年，“小脚一双，眼泪两缸”，不知多少汉族妇女为此流淌过辛酸的眼泪。自宋代起，就不断有有识之士呼吁废除缠足陋习。宋人车若水《脚气集》写道：“妇女缠足，不知始于何时，小儿未四五岁，无罪无辜，而使之受无限之苦，缠得小束，不知何用？”较早提出了反对缠足的呼声。满人入主中原后，因

▲ 清末缠足图，居中为“天足”满族女子，两侧坐“缠足”汉族女子

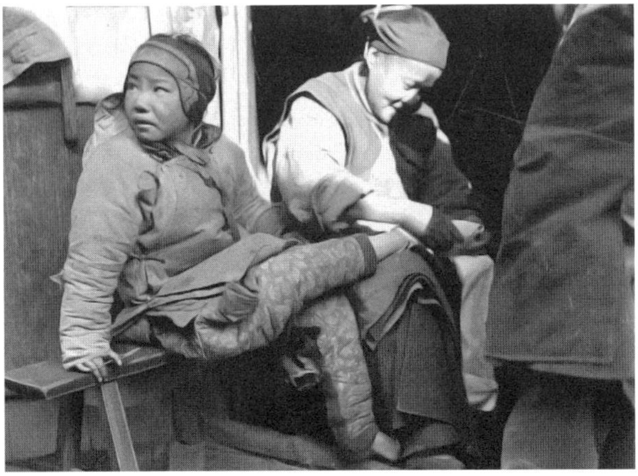

▲ 1917 年江南一母亲仍在为女裹足，时民国废止缠足令已颁五年

▲ 辛亥革命浪潮中，20 世纪 10 年代上海张园女子天足会场

▲ 1940 年，一女学生正欲起跑。其装束与中国传统女性服饰迥异，未裹足，与中国近代女性传统形象大相径庭

他们崇尚天足，生怕被汉族同化，曾多次颁布禁止女子缠足的谕旨，但陋俗也是积习既久，积重难返。

近代以来，西方来华的传教会率先在中国设“天足会”，呼吁妇女放足，并把禁缠足列为教会女校的招生条件之一，但收效甚微。1883年，康有为鉴于缠足折骨伤筋，为害甚大，在广东南海银塘乡创立“不缠足会”，并带头不给自己的女儿缠足，但由于缺乏相应的社会环境，影响仅限于村落之间。直到戊戌变法期间，禁止缠足运动掀起第一个高潮。1898年8月13日，康有为上书光绪帝请下诏禁妇女缠足，光绪帝不久即下令各省一律禁止妇女缠足。只是清廷这场不缠足运动的推行，还仅限于大城市和上层社会，绝大多数底层的妇女依然紧缠着双脚。

民国建立后，1912年3月11日，孙中山令内务部通饬各省禁止缠足。坚冰一旦打破，天足便成为不可抗拒的潮流。1929年8月，内政部再次下令各省市县政府切实查禁缠足。直到1940年，内政部作出决定：对未满16岁的女子施以缠足致妨害其自然发育者，应依刑法，判处5年以下有期徒刑或科以500元以下罚款。从此劝禁缠足运动被纳入法治化的轨道，有了明确的法律依据。由于历届中央政府屡颁禁令、地方大员的高度重视以及社会各界的热情支持，到全民族抗日战争前后，缠足陋习已基本废除。

民国时期的废除缠足陋习运动，是社会文明进步的一个标志，带来一系列社会风俗的变化。过去，人们普遍以女子缠足为美，妇女如不缠足，将要遭受极大的舆论压力，甚至婚嫁都成问题。尽管几百年来一直有缠缠放放和放放缠缠的反复，但在中国历史上依然绵延了很长时间，女子深受压迫。民国时期缠足习俗终于得以铲除，促进了妇女解放，推动了社会上男女平等观念的建立，正如一首《农妇歌》所唱的：“农妇更要莫包脚，包脚不便做工作。遇着一些重大事，没有男子莫奈何。”当然，废除缠足只是女性解放的第一步，解开裹脚布

▲ 20 世纪 30 年代，江南女子缠足与天足在一起的比较

固然必须，但对广大妇女来说，只有与男子一样从事工作、受教育、从军、从政，才谈得上真正意义的男女平等。

民国时期废止缠足习俗，《上海洋场竹枝词》载：“近来女伴多天足，绝少弓鞋一捻红……衣裳时式鬟时样，短鬓笼纱窄袖装。”还有一首竹枝词：“女生三五结香俦，天足徜徉极自由。小塑胶鞋新买得，归途更续踏青游”，表达出放足和天足女子欢欣的心情。“天足徜徉极自由”，让女子走进学堂，推动了风俗改良。

但是缠足风俗毕竟拥有千年历史传统，尽管民国政府做了很多工作，这一压迫女性的传统习俗已基本扫除，但在一些乡野地区，仍有缠足现象出现。这一恶俗彻底得到消亡，直到新中国成立以后才最终实现。

胸部丰腴不可耻

——天乳运动

1927年，北伐军成功进军武汉三镇，基本实现了对长江以南旧军阀的打击。“打倒列强，除军阀”成为响亮的口号，就在那一年的三八妇女节，有一群女子居然冲上街头，号召解放身体并坚决反对束胸，一时舆论哗然。虽然事后查证，她们是一群青楼女子，但这大胆的行为却极大鼓舞了广大妇女放弃束胸并解放自己的身体。与此同时，这股浪潮蔓延至上海，随后席卷各大城市的中上层女性，引发声势浩大的妇女解放运动——轰动一时的“天乳运动”。

宋代女子内衣称为“抹胸”，穿着后“上可覆乳、下可遮肚”，整个胸腹全被掩住，因而又被称为“抹肚”，用纽扣或带子系结。平常人家多用棉制品，富有人家用丝织品并在其上绣以花卉。单的夹的，形式不一。元代称为“合欢襟”，顾名思义，能想象是作为遮蔽隐私处的衣物。明代出现了“主腰”，外形与背心相似，是从抹胸发展出来的一种内衣。清代则出现“肚兜”，作为女性内衣，在清代之

▲ 20 世纪 30 年代，在高额罚金压力下，女子束胸渐少。图为上海街头未束胸女性

后逐渐得到普及。

晚清之后，女性开始注重身体曲线的变化，产生了形制较窄的“小马甲”。到民国初年，城市女学堂中率先掀起“平胸美”的热潮。女子束胸的力度顿时加剧，有的女学生甚至还发明了名曰“小半臂”的紧身背心。这一风气的盛行，表面上看是由于当时女子衣服改小的结果，究其根本，还是社会上传统守旧势力对女性形体审美的扭曲，在社会意识上的反映。

1919年五四运动后，洋装成为时尚，一些妇女开始模仿西洋女子束腰凸胸提臀的样子，但保守观念仍然统辖着人们的思想，女性仍然采用束奶帕来遮掩女性的性感特征。于是束胸还是盛行，甚至成为区分城市女性和“村姑婆娘”的标志。也许一些知识女性和都市女子穿戴“小马甲”的真正用意在于，紧缚住乳房达到平胸的效果，从性征上彰显男女平等，但客观效果却是为女子“平胸美”的流行推波助澜。

随着这股束胸之风愈演愈烈，不少社会人士从生理卫生，尤其是从种族健康的角度指出其弊端。有人甚至指出，女子缚乳之害甚于缠足，即便幸运者自身无恙，但若将来生育子女，更可能成为“弱国灭

▲ 20 世纪 30 年代月份牌上画作，呼应妇女“天乳运动”潮流

▲ 20 世纪 30 年代，影星阮玲玉佩戴义乳的新闻传遍上海

▲ 随着“天乳运动”如火如荼地开展，人们的观念也发生了转变，逐渐欣赏自然发育的胸部

种之因”，“虽有乳汁必不畅旺，胎儿身体必不健全，甚至传染肺病，流毒骨髓。虽有神医亦难救治”，著名学者胡适甚至提出“提倡大奶奶主义”。之后不断有人撰文批评束胸之害，有认为束胸勒乳影响饮食、消化，有将束胸的危害归纳为呼吸不便，有碍育儿，不合自然，工作不便。最具影响的呼吁不仅来自胡適，还有当时的性学博士张竞生。两位留洋归来的博士都不约而同地反对女子束胸，主张恢复天乳。

观念变革之余，女性解放胸部的客观物质条件是内衣的变化。一些采用西式肩带而在旁侧开襟的亦中亦西的改良内衣也相继出现，“女性天乳最美”“胸部丰腴不可耻”等思想与审美标准，也逐渐在各阶层女性中流传开来。一些新潮女子开始放开束缚胸部的白布，不穿内衣，让乳房自由呼吸，自由生长。1927年，政府也倡导“天乳”，反对女子束胸，对于不执行放乳政策的，要进行罚款。各地政府也陆续颁布禁止女子束胸的禁令，倡议妇女解放乳房的“天乳运动”在全国推行开来。

此时，思想开明的女子开始琢磨提升女性形象，成为知性、感性、懂风情的新女性。20世纪20年代末期，西洋乳罩漂洋过海来到中国，当时人称“义乳”。在西式乳罩进入中国市场时，为中国女性接受也是颇费一番周折。一是本来社会对女性护乳就缺乏意识，传统肚兜、抹胸只是遮挡，并无保护的功能；二是即使有胸衣，女性接受的也只是开放式的肚兜、抹胸，对于西式的乳罩严密遮护乳房，并不习惯。

国民政府自1927年开始下达行政命令，以强制手段禁止束胸，女性开始逐步解除束胸，1932年左右甚至出现跟风放胸现象。1935年有人描写广东妇女积极参与劳动生产，盛赞她们“不缠脚，不束胸”，所以她们身体强壮，有所担当。与此同时，在近代西方卫生器具的传入下，舒适的内衣在中国女性中得到使用，追求健美的新时尚也席卷全国。

▲ 20 世纪 30 年代，一批思想前卫的女性在大街上游行

▲ 民国初年，男子脑后辫子已剪，几个青年身着长袍马褂，头戴瓜皮帽

瓜皮小帽趁时新

——瓜皮小帽

俗话说：“穿衣戴帽，各有所好”，这不仅说明了帽子的品种繁多，而且说明了人们对帽子的选择是多种多样的。帽子是用于御寒、防暑、装饰和标识的首服。帽子是由古代的巾演变而来的，据南朝梁陈之间的顾野王所撰《玉篇》载：“巾，佩巾也。本以拭物，后人着之于头”。在古代，巾是用来裹头的，女性用的称为“巾帼”，男性用的称为“帕（帞）头”，相当于现在的毛巾。人类在田地里劳作，经常要遭受大自然的风、沙、日光对人体的侵害，于是人们便将巾从

颈部向上发展而裹到头上，由此渐渐地演变成各种帽子。

清末民初时主要是瓜皮帽，它以六块西瓜皮形的黑缎缝合而成。帽顶用不同宝石，显示不同的社会身份和地位。瓜皮帽分成六瓣，形状如半个西瓜皮，多为黑色的绸、呢绒或纱制作。顶上饰有各种颜色和材料的结子，前面钉饰物以辨别前后。“瓜皮帽”是个俗称，它是因袭明代的一种“小帽”，又称“西瓜帽”“瓜壳帽”“小帽子”，没有帽正，一般是平民所戴。明末叶绍袁《启祯记闻录》记苏州地区的改服称：“（顺治三年）十一月初，复严衣帽之禁。大袖每加扑责，巾即扯毁。由是举监生儒皆小帽，士庶漫无分别。”

不少人以为瓜皮帽是满族服饰，却不知它是正宗的江南“土特产”。真正发源地是南京，相传为明太祖所创。因是用六块黑缎子或绒布等连缀制成，底边镶一条一寸多宽的小檐，故又名“六合一统帽”。六合者，为天、地、东、南、西、北，寓意皇帝一统天下。可以说瓜皮帽在清代最为普遍，也最为流行。明陆深《豫章漫钞》曰：“今人所戴小帽，以六瓣合缝，下缀以檐如筒，阎宪副闳谓予言，亦太祖所制，若曰‘六合一统’云尔。”《枣林杂俎》记载：“清时小帽，俗称‘瓜皮帽’，不知其来久矣。瓜皮帽或曰六合巾，明太祖所制。”

既然是明太祖所创制的帽子，清朝政权入主中原后，对于老百姓的服饰冠履方面表现出十分强烈的排异性，但为什么清代还是提倡和沿用它？满族入关建立清朝后，深知民众怀念明朝，汉族传统文化不可能禁绝，统治者也就顺应民意。据说康熙帝曾经问大臣，将帽瓣改为六瓣缝合是否合适，有大臣回答道：“现全国统一了，表示东、南、西、北、上、下一统的意思。”加之清代的发辫，戴瓜皮帽亦很方便，于是康熙帝当即把军队的“帽头儿”也改成六合帽。

▲ 晚清时，一位戴瓜皮帽的老人，那把胡须颇具特色

▲ 清末的帽正，俗称“一块玉”，即当时士人镶在帽上的饰物

▲ 1930 年，上海一位戴瓜皮帽的商人，帽子略歪

▲ 1931 年南京茶馆里，一位戴瓜皮帽的老人悠闲地喝着茶

瓜皮帽迅速流行起来，成为清代男子所戴的主要便帽。其质料春冬用缎，夏秋则多用实地纱，颜色以黑色见多，夹里用红，富者用红片金或石青锦缎缘其边。讲究点的人，也有在颜色和纹饰上与身上的袍褂配套着戴，正如当时《竹枝词》所云：“瓜皮小帽趁时新，金锦镶边窄又匀。”这种小帽式样很多，取其便利，不戴时可折之藏入衣袋之中，称之为“军机六折”。帽子又有“结子”，俗称“算盘结”，都用红色或黑色丝绒线编成，有丧则用黑色或白色。结子的大小也随时而变，一度崇尚樱桃般的小结，转而又流行大结。清末有以珊瑚、水晶、料珠等代替结子的，其结子小如豆粒。又重蓝色，戴时喜将帽子偏倾于前而半覆于额前。至宣统时，帽檐有重叠多至七八道者。

民国时期，瓜皮帽一直在平民百姓中流行，并且是平民阶层使用时间最长最普遍的一款帽子，此后一直广泛使用到新中国成立初期。不论怎么说，瓜皮帽是六个世纪以来，绵延至今唯一的男子“首服”，是几百年来我国服饰冠履演变的一个见证物。

爱着皮鞋底样翘

——高跟皮鞋

民国废止缠足习俗，导致女子“放足鞋”的供不应求，也使得绣花鞋在民间蓬蓬勃勃地兴旺起来，绣花鞋做工挺括，彩绣精美，轻巧的薄底，宽大的后跟，给松了绑的小脚提供自由的空间。老派的江南女子自然是都穿布鞋的，手工布鞋最大特点是与人们的自然生活息息相关，鞋底柔软穿着舒适，透气和吸湿性好，自然而舒适。

辛亥革命推翻了清王朝，服饰的新花样自然百出，让人眼花缭乱。鞋履的变化也接踵而至，江南都市妇女为了配合上衣下裙、新式旗袍等，逐渐流行起穿皮鞋、皮靴、高跟鞋、球鞋等。据说，当第一双皮鞋在苏州市场面市时，人们也纳闷，这实打实的厚牛皮，平日里做个箱子，已经够奢侈的了，咋就愣生生地踩在脚底下呢，人们惊讶归惊讶，最终还是喜笑颜开地接受了。当年沪宁线上，出售皮鞋的店闻名遐迩，苏州戎镒昌、常州德泰盛、镇江新泰恒、南京下关新润昌等著名皮件店、广货号，都设专柜经销点，特别是在上海南京西路上的分号，店门口还配上块英文译音的招牌——“YOUR-CHANCE”，读音是按广东话翻的，含义却是极好的，“你的机会”，为了抓住机会，碰碰运气，在时局动荡的环境里，倒是与人心挺契合的。

▲ 20 世纪 20 年代，高跟鞋逐渐流行。图为 30 年代月份牌画中的女子高跟皮鞋

国学大家章太炎是最早刊登征婚启事的名人之

▲ 高跟鞋不仅增加了高度，还微露脚趾，鱼嘴高跟鞋最受当时女性欢迎

▲ 民国时期，一位年轻女子穿着高跟鞋

一，后经过蔡元培介绍，章太炎与汤国梨女士结为伉俪，因为办的是西式婚礼，婚礼当天，老先生是个文人，将皮鞋左右穿反了，一时大窘，因一双皮鞋闹出的笑话，传了近百年。皮鞋还是以势不可挡的趋势，改变了人们的生活。那个年代，制作皮鞋的皮料，当然以牛皮、猪皮和羊皮等为主，款式大都以西方时尚为标准。因为有利可图，制作与销售女式皮鞋的厂商蜂起，为女性们选购皮鞋提供了很大的选择余地。

现代样式的高跟鞋，相传源于法兰西国王路易十四，这位小个子的国王，为了尽显高大，吩咐手下人为其定制一双高跟鞋。每临重要场合，他就头戴一顶高耸的假发，足蹬用软木做成5英寸高的高跟鞋，以在臣民面前显示自己身材高大的风度。他那高跟鞋还染成红色，这个色彩后来就成了贵族身份的象征，以致法国贵族男女纷纷起而仿效。于是，高跟鞋由宫廷传入民间，很快风靡法国，又传遍世界。

20世纪20年代初，软木中、高跟皮鞋传入中国，成了女性鞋跟时尚的重要元素，与连衣裙、西式套裙等相配，既现代又新潮。在江南，最初穿上高跟鞋的，可不是人们刻板印象中的女明星，教会学校的女学生才是先锋。东吴大学那些说着英文、接受着西式教育的女学生，对时尚最为敏感。月白色竹布褂，烫得平平整整，下面是一条短齐膝盖头的印度绸的黑裙子，长筒麻纱袜子，配上一双刷得干干净净的篮球鞋，活脱脱女学生的标准装束。不过，高跟皮鞋兴起，女学生自然就对其紧追不舍了。民国中后期，女式皮鞋面料又相继流行金皮、银皮、京羊皮、漆皮、麂皮等，鞋上常缀有以镶嵌、编结等手法制成的皮结、水钻、小铃等饰件，更显华丽时尚。

上海滩的数千舞女足蹬红色高跟鞋，在各大舞厅掀起了红色鞋跟的浪潮。红色高跟鞋与各种交际舞很快风靡全国主要大都市。穿着红色高跟鞋的女性日益增多，导致了上海四大鞋柜的红色高跟鞋经常脱销。与此同时，都市时髦女郎、贵妇人或电影女明星穿高跟鞋的时装照片，经过一些画报等媒体的传播，对女子皮鞋也起到了推波助澜的示范作用，上海遂成为中国现代皮鞋流行的风向标。

西风吹来开洋荤，现代皮鞋的流行，让那些刚松开裹脚布的小脚女人们也着实时髦了一番。民国初年，罗汉的竹枝词这样写道：“凤头鸪嘴尽勾销，爱着皮鞋底样翘。羡煞天然双妙足，弯弯如月可怜娇。”说的是民国初年的女子，羡慕那些没有缠足的女子能够穿时髦

▲ 20 世纪 30 年代，上海女画家关紫兰穿着高跟鞋的情景

▲ 民国时期，脂粉、香水、高跟鞋和绫罗绸缎……最受时尚女子的青睐

的皮鞋。她们也偷偷脱下尖头布鞋，去试穿皮鞋，结果一个“翘”字，令她们的皮鞋梦永远只能关在闺房之中。罗汉用不能穿皮鞋的女子尴尬，衬托出女式皮鞋的时髦，惟妙惟肖，场景尽出。

领带西装蛮挺骨

——领带领结

领带在中国古文献里有记载，《宋史·五行志》有“北海县蚕自织成绢，成领带”。但此所谓“领带”，只能是古人衣领上的饰边，与近现代的“领带”相去甚远。最近看到有论者谓：领带最早是在中国发明的。秦始皇兵马俑，所有雕塑上每个兵俑的脖子上都围了一块布，说那是历史上最老的领带，这只能认为是在说笑，扯得有点远了。

古罗马时代，士兵们在脖子上戴着一种类似围巾和领带的东西，就如同秦兵马俑脖子上的那块布条，但那还不是现代意义上的“领

▲ 清末民初穿西服、戴领带的老年男子

▲ 民国初年穿西服、打领结的男子

▲ 晚清著名学者梁启超穿马褂也穿西装，且戴短小的领带

带”。直到1668年，克罗地亚人才将“领带”这一概念带入了法国，并开始演变为今天的样式，成为男子服装的重要组成部分。以后，在西方反反复复地折腾了几百年。19世纪后，出现了“硬胸”式领带，是用大头针别着的。20世纪20年代男子穿西服出现了领带夹子，同时也有不少人时兴编结领带；其间最主要的变化是领带的大众化，它已成为各种年龄、各行各业的男子服装不可缺少的组成部分。

从领带传播的历史来看，领带最早传入中国的时间，与西服传入中国的时间基本上是一致的。西服传入中国，大约在清代后期。当时中国有头有脸的人士都以长袍马褂为“国粹”，对于西人的服饰是很鄙夷的。第一个穿上西服的人，如同第一个吃螃蟹的人，那是很需要勇气的。谁要是穿西装，那便是冒天下之大不韪，会被人讥笑为“假洋鬼子”。

▲ 民国时期京剧大师梅兰芳穿西装、戴领带的造型

可是，要是皇帝带头穿西装，就很不一样了。清代还真有这么一位帝王，他就是被贴上“争储、苛政、暴毙、弑子”标签，最富有争议的雍正皇帝。故宫至今还保存着雍正皇帝颈系领结，头戴假发，嘴唇上粘了八字胡，略带喜感的画像，与清帝画像中正襟危坐的他，完全判若两人。清雍正年间，已经有很多西方传教士来到中国，他们在传教的同时，也带来了很多西方文化和生活用品，除了钟表、眼镜一类的东西，更有他们的服饰——西服，包括领带与领结。而清宫画中雍正皇帝所穿的，就是那个时代的“西服”，由此他也成为了中国历史上第一个穿西服的人。身为大清朝的一国之君，雍正帝为什么会穿“西服”？有人认为，他只是出于猎奇、好玩而已。不过也有学者认为，雍正帝之所以穿西服，是对西方文化采取开放的态度，实行拿来主义。这个观点是否能够成立，还有待进一步的论证。

▲ 民国时期男子结婚穿西装、打领结

雍正穿的西服与如今的西服是不同的，毕竟经过了几百年的发展。今天我们所说的西装主要是指由18世纪末的欧洲服装逐渐演变而来的现代男装。当历史的指针抵达20世纪前后，据说中国近代史上第一位留美学生容闳喜欢用丝巾绑成蝴蝶结当领结使用，蔡元培喜欢在高领正装衬衫上搭配白色丝质领巾。清末思想家严复的长子严璩，风流倜傥，狂傲不羁，操着一口流利的英语，做过某法国外交官的翻译。穿上西装，戴着领带，成为当时的“异类”，在那万马齐喑的沉闷社会，能够不畏人言，毅然剪掉辫子，穿起西装，戴上领带走在京城街头，确实是很具勇气的开路

先锋。

1919年后，西服作为新文化的象征，冲击传统的长袍马褂，渐渐得以流行。到二三十年代，以上海、广州、天津等沿海发达城市为中心，以在官府衙门任职的办事员或是学校的青年学生、教师、洋行职员等为主，掀起穿西服、戴领带、打领结的热潮。民国时期的许多学者名流，留过洋的先进知识分子，不仅在各自学术领域上大放异彩，在穿戴上也同样时尚。现代《申江诗潮》有施提宝创作的《上海滩老克勒》：“领带西装蛮挺骨，太阳眼镜幺幺黑。金刚发蜡搨头丝，百乐门厘蓬嚓嚓。”作者注：“金刚，上海明星花露水厂‘金刚钻’牌发蜡”，这首诗对民国时期上海的一批老男人（坊间谓“老克勒”者，穿着西装，戴着领带，抹着“金刚钻”牌发蜡）在舞厅跳舞的醉生梦死情景作出了颇为传神的刻画。

往来多是读书人

——长衫飘飘

古代中国男人习惯着深衣，所谓“深衣”，出自先秦典籍《礼记·深衣》，是中国自周秦以来形成的最为广泛穿着的传统服装。其形制是衣裳分裁后再上下相连，男女皆着，既作礼服也作常服。至晚清服饰变革的潮流变得急骤起来，清代男子的服装，以袍、褂、袄、衫、裤为主。长袍马褂成为时尚的男子服饰，到了民国，这股“长衫飘飘”的风气依然盛行不衰。

民国时期，长衫不仅是男子典型的服饰，甚至还是身份地位的象征。穿个长衫，就如同现在许多“金领”“白领”男子一样。是的，那个时代穿长衫的，是可称为先生的；穿短衫（短打）的则是体力劳动者。上海大夏大学群贤堂，有一幢建筑现在叫文史楼，20世纪30年代进出那个楼的几乎都是读书人，长衫飘飘，这倒不是有谁做出明文规定，好像是约定俗成的，那时知识分子的着装，基本是男士着长

▲ 清末民初，上海一户人家在照相馆的老少合影，男女皆着长衫，儿童服装兼有中西式样

衫或西装，女士着旗袍或棉袍，看上去优雅从容。北平文人杨静亭在《都门杂咏》中，描述许多青年士子逛厂甸庙会的竹枝词写道："新开厂甸值新春，玩好图书百货陈。裘马翩翩贵公子，往来都是读书人。"

我们常说"文人气"，没人搞得清这股"气"从何来，但有一点似可追溯，他们的文章学问中，无不透出从长衫的立领、斜襟、盘扣中散发的雅致，在迎风而立的时候，真正让人可以有一点"玉树临风"的感觉。有人说，所谓"民国范儿"，首先就是"长衫范儿"。鲁迅在日本留学时期也许穿过几天东洋装，但回国后，长衫几乎与他相伴终生。那个大名鼎鼎的胡適先生，基本上也是出国一身西服，归来一袭长衫，重大演讲必着长袍马褂，堪称那个年代中国男子形态美与风仪美的典范。

就如同我们今天回看两晋时期的文坛，那令后人千载追慕的美，更多的并不是来自传统的诗文，而恰恰在于人物。民国时期的人物，生活在国家内忧外患、政治生活也不太清明的时代，1924年4月23日，梁启超等人以北平讲学社的名义，邀请印度大诗人泰戈尔来华访问。长衫裹着的徐志摩与美女林徽因负责接待翻译，陪同着跑来跑去。其他一些学术泰斗级的人物，如蔡元培、陈寅恪、吴宓等，尽管有时也会穿着西装，但更多的场合，依然是长衫飘飘。他们一身长衫，显得很有风度。更有意思的是，在鲁迅学生辈的人中，即使像“左联”五烈士中的柔石、殷夫这些年轻而激进的作家，也是穿着长衫，在上海租界里居住，行走自如。

长衫的色彩一般多是黑、灰、蓝，布料则看经济条件而定了，若逢夏季，时髦的男人就用薄而挺的进口面料做长衫，譬如“派力司”，后来又有了“凡立丁”。有钱人家用洋布，一般人经济拮据点的则用土布，四幅相缝，前胸后背都有一道中缝。长衫大襟，襟向右

▲ 1932 年，江南一群穿长袍马褂的男子

开，称右衽，不能向左偏。左边至胯下开衩至衣底，右边则用扣子相系。扣子都是布扣，妇女在做衣服时，用剩下的较长而宽的布条布边剪开，再叠几折，用细线缝成布梗，上海人俗称“布扣”。

鲁迅笔下的孔乙己，是在咸亨酒店“站着喝酒而穿长衫的唯一的人”，虽然孔乙己的长衫是“又脏又破，似乎十多年没有补也没有洗”，却一下子与“短衣帮”拉开了距离。长衫是封建社会知识分子进入士绅阶层的常服，久而久之，便被当作读书人的标志性符号。孔乙己满口之乎者也，却未能如愿考取功名，潦倒以终。他没有钱坐在

▲ 20 世纪 30 年代，江苏无锡蠡园边上的一群男子，大多穿着长衫

▲ 江南高等院校里，英语外教教师和学生皆着长衫

▲ 20 世纪 30 年代，上海三名着长衫的中国男子与一位英国商人的合影

那里喝酒，站着喝酒而着长衫，只为显示自己是读书人身份，也是读书人最后坚守的那一份可怜的清高与尊严。

不用说远，就是20世纪40年代，长衫还是男人最为普遍的衣服，而且在相当程度上它具有“礼服”的作用。举凡婚丧嫁娶、走亲访友，上海话叫“出客”，总是觉得穿长衫体面，穷人即使家徒四壁，出客时没有长衫也得向别人借。若是男女亲家首次见面，哪怕是炎炎夏日，大汗淋漓，都不敢脱下长衫。在“只重衣衫不重人”的时代，衣衫一旦被赋予了“礼”“美”等外在的含义，衣服就已经不是衣服本身了，而是有了它自己的生命和逻辑，经常成为与人的肉体本性背道而驰的东西。

只重衣衫不重人
——劳工短打

说到长衫，就得提“短打”，这是普通农人与城市体力劳动者的一种装束。短打在古代的汉服中已有雏形，称为“竖褐”“裋褐”，是一种以劳作方便为目的的便服，与常服和礼服相区别。“褐”的本义是以毛或者麻为原料的粗糙织物，由于穿这种衣服的人，往往是从事体力粗活的劳动者，所以用“褐夫”来指代他们。后来，褐才独立成为一个表示颜色的词，用以形容黄黑色，但褐布本身不一定是褐色的，可以是很多颜色。这里的“短”当然有长短的意思，但又不完全指长短。“短”通“裋”，就是竖裁的意思，指通裁的上衣。

古代“短褐”亦引申为普通百姓的劳作装、便服（包括上衣下裤），以此来泛指地位卑下的人。到清末，短褐在小说、戏曲中就被称为“短打”。总的说来，民国的短打，就是用粗布做的上衣下裤的男装，上衣长度一般在臀部和膝盖上下。中国古代谈不上有现代职业行当，只是由于劳作的需要，形成类似现代的职业装。例如军人打仗，必须有统一制式的军服，看看兵马俑就知道那些披坚执锐的军士

▲ 1920 年，上海街头一个着短打的男子，皮肤黝黑，显是艰难打拼的底层劳工

身上的盔甲，其实是一种军服；再比如历代王朝，为朝廷效命的官员，不同职阶的官吏，都穿官服；宫廷或官府歌舞伎穿的是舞蹈服等；那么劳工阶层也会由于职业的不同，而形成不同的装束。

城市劳工，或者引车卖浆的贩夫走卒，他们常年干着体力劳动，如人力车夫，如码头搬运夫，如建筑工地的泥水匠，或者清扫街道的清道夫。他们如果穿长衫，就明显会影响劳作，所以他们常穿短衣，也就是所谓“短打”。古代专门有一个说法：“贩夫走卒，引车卖浆者流”，以此来指称走街串巷以贩卖和跑腿为业的底层劳作者。其实，从古至今，干哪一行都是身心的付出，都是很不容易的。

▲ 清末，上海以独轮车运煤的劳工中，部分仍蓄着长辫

▲ 百年前，江南失地农民涌进城市出卖劳力，图为候雇的劳工等待主顾

在中国几千年历史上一直有“劳心者治人，劳力者治于人”的儒家观念笼罩社会，体力劳动者所穿的短衣，自然也就被能够穿长衫而洋洋自得的人歧视和轻蔑了。这种观念根深蒂固，《文明小史·第一回》就有这方面的记载：“兄弟在京的时候，那些大老先生们，一个个见了外国人还了得！他来是便衣短打，我们这边一个个都是补挂朝珠。”说的就是这种反差。《官场现形记》第一回写道：“两旁虽有几席，都是穿草鞋，穿短打的一班人。”指的就是劳工者在这个场合占多数。再如郭沫若《南京印象·假如我是法西斯蒂》也有一句台词：“即使平常穿短打的

人，到了什么正经的场合，也要改穿长袍。”什么场合呢？就是指出入上流社会的场所，这就反映了社会普遍存在着一种“衣衫取人”的不正常心态。宋代僧人释普济《五灯会元·黄龙心禅师法嗣》载：“五陵公子争夸富，百衲高僧不厌贫。近来世俗多颠倒，只重衣衫不重人。”钱锺书在《围城》中也写道：“这种势利小鬼，只重衣衫不重人——当然赵先生也是位社会上有名人物。”说的也是这种意思。

民国时期城市里很多黄包车或者三轮车夫，他们的车是从车行租赁来的，必须每天向车行缴纳“车份儿钱”。车夫必须身穿一件“号衣”，即印有车号的坎肩儿，这表明此车已经完税。没穿坎肩儿的车夫，拉的就是黑车，若是遇到检查，轻则挨打，重则扣车。那时的车夫都是“短打”装扮，胸前拉条手巾，阴雨天时没有雨衣穿，炎热的夏季大多没有凉帽戴，工作条件十分艰苦。再如码头工人，也是短打，他们是正宗的无产阶级，既无产业可依，又无田地可种，除了身体一无所有，离乡背井出卖力气，做装卸货物的苦力，过着艰辛的生活。他们和农民兄弟一样，一同遭受着三座大山的压迫和剥削。“短打”则是其“劳动服”。

▲ 1945 年 11 月，上海港的码头工人正在等待搬运联合国难民署提供的战后救援食品

▲ 1948 年 3 月，上海港的码头工人在装卸美国运来的棉花

▲ 清末戴着头巾的江南妇女

▲ 20 世纪 30 年代上海郊县的江南农妇

青莲衫子藕荷裳

——水乡衣衫

上海在开埠之前，原本也是江南古镇，河湖港汊，纵横交错，惜乎成为大都市以后，许多河浜都给填了，如今只在地名上给人留下一份念想。清末民初江苏南汇（今浦东新区）人倪斗南《南汇县竹枝词》云："三月村农事未忙，暮春天气兴飞扬。下沙赛会新场戏，绿女红男皆若狂。"他所记农历三月二十八，下沙出会，新场演戏，岁岁如常。出会，就是旧时迎神赛会习俗之一种，逢庙会各行各业献技斗巧，如游行一般。句末"绿女红男皆若狂"，说的是出会时年轻的男女穿着新衣裳游走时很兴奋的模样。

服饰有抵御寒暑、风雨、虫咬等基本作用，因此在不同气候条件下，人们的服饰是不同的。也就是说，服饰要适应当地的气候条件。其质料与式样也与人们的经济活动有着密切的关系。明代以前，江南徽州以自织麻布为衣，多为黑、白、蓝三色，衣制长期不变。清代，

▲ 20 世纪 30 年代，苏南一对婆媳正在稻田边劳作，衣衫褴褛，质朴无华

男着大襟长衫或对襟短衫，女穿大襟中长褂，男女均穿大腰折叠式筒裤。女装样式稍有不同。休宁、歙县近浙江，祁门、黟县近江西，绩溪、旌德、太平近宣州，石台近安庆。百姓习尚简朴，富商则偏于奢侈。

江南水乡的妇女服饰是千百年来水乡稻作生产方式的产物，随着当地自然条件的变化及稻作生产的改进，水乡服饰也顺势应时，不断进行传承和改进，创造了拼接拆卸技艺，从而逐步形成了今天具有典型吴地风格的水乡传统妇女服饰的各类款式，包括拼接衫、包头、襡裙、束腰、拼裆裤、绣花鞋、肚兜、卷膀等构件，显现出吴地劳动人民的创造才能。

受到城市服饰快速变化的影响，水乡无论男女的服饰，随着年岁的大小，有着不同的要求：青年妇女以花俏为主，青年男子以稳重为要，巧妙地运用色彩对比、衬托、交错的手法，恰到好处地突出了水乡衣衫的人体美和装饰美，给人轻盈洒脱的感觉，而中年、老年妇女则以深色调为主，服饰庄重、稳定，穿着要求舒展宽大，故而给人以古朴持重之感。

顾颉刚《苏州史志笔记》曰：“苏州乡间妇女装饰，极似西南少数民族，若包头、若钗环、若褶裙，皆是也……城中则已与外来者混杂，无旧俗，无纯种矣。”经历史变迁，水乡服饰出现套系，装束以包头较为常见，可在春秋、梅雨季节保护头部；衣着以大襟衫为典型，利用多种颜色进行横竖拼接，通过束腰，亦叫“系腰扇”“围

▲ 1934 年上海费氏照相馆拍摄的农村妇女老照片

▲ 民国时期，绍兴郊外的百姓家中，几位农妇纳着鞋底拉家常

兜”等，扎包头巾，着拼接衫，穿作裙，裹卷膀，蹬绣花鞋，正如明代学者袁宏道《迎春歌和江进之》所描绘的：“青莲衫子藕荷裳，透额垂髻淡淡妆”，浑身上下透着水乡气息。

说到“绿女红男”的色彩表现，主要以单色、双色、多色配为主。在单色设计上，主要选择几种冷色系统，包括青、蓝、黑色等，如卷膀、裤、大襟衫四色彩以蓝色为主，鞋与作裙色彩以玄色、青色为主，不同颜色除体现女性喜恶外，也代表不同的气质，增加颜色美感。再就是季节性特点极为鲜明。从春秋季节看，因气候温暖、不燥热，所以两季服饰特征较为鲜明，以土布、花布为面料，利用多种色彩拼接，如裤子选用白底蓝印花布、蓝底白印花布，拼接注重对称形式美与颜色的合理搭配。而夏季服饰，温度较高，且需下地劳作，服饰主要选择透气性较好的面料，无论大裆裤或作裙，均为夏布，下摆较大，劳作中行动不会受限，服饰整体注重避暑、透气，实用性特点明显。

水乡衣衫历史悠久，世代相传，相因成习，传承性很强，适宜于水乡生产劳动，实用价值较高，因而深受人们的喜爱。至今苏南吴方言区的农家衣衫，仍保留着水乡妇女服装的民俗特色。

第三章

现代民族服饰的形成

民国肇建，以政府法令形式推行的，带有一定强制性的服饰更制，对传统的等级服饰制度和礼俗的荡涤是颇为猛烈而彻底的，于是，原先局限于工商界、知识界的服饰变革便迅速向社会中下层的普通民众扩散，成为一种较为广泛和普遍的社会行为。与此同时，由于新的生产方式的建立和商品经济大潮的冲击，人们的服饰观念也发生了巨大的变化。

几千年来，人们第一次可以根据各自的生活方式，审美情趣和经济能力随心所欲地选择和创制自己喜爱的服饰，人们通过服饰的类型、质料、做工、款式、色彩等所判别的已主要是穿着者的职业、文化、财富等，而不再是身份等级，繁缛、保守、拘谨的传统服饰，开始向开放活泼、美观实用、方便适体，乃至趋时务新的近现代服饰转变。

民国初男子最普遍的服饰是长袍、马褂。虽用作礼服的袍、褂在款式、质料、颜色和尺寸上有一定的格式，马褂一般为黑色丝麻棉毛织品，对襟窄袖，下长至腹，前襟钉纽扣五粒，但并无任何身份等级的规定，因此上至政府要员，下至商店伙计，只要有需要并有能力购置，都可以穿着。至于用作便服的袍、褂就更无一定之规了。

民国时期之女子服饰，一般有围巾、披风、背心、一裹圆、裙子、马甲、衫袄、裤、腰子、抹胸、腰带、膝裤、手笼、手套、手帕等，其中以裙子最为重要，系于上衣之内。官宦富室的女式裙子，制作精美，鲜艳华丽，一般妇女则系单衣裙、夏布裙而已。

民国初年盛行的女子服饰为上袄下裙（也有以裤易裙的），它虽然也是沿袭前清而来，人们已逐渐领悟到“曲线美”的道理，于是将衣服裁制得更加称身适体，以显示女性体态之美。裙子也较以前的下垂及足略为缩短，有的还完全取消了褶裥而任其自然下垂，裙子的边缘也绣以各种花边，加上五彩珠宝，富丽堂皇。甚至还有人将袄衫制成对襟翻领的样式，形成中西合璧的特色，时称“文明新装”。

民国初期受西方文化的影响，男子服装出现了从长袍马褂向中山装和西装逐步过渡的趋向，女子服装改变了传统的胸、肩、背呈平直的造型，能体现女性秀体之美的旗袍走向了大街小巷，同时还有其他各式各样的服装，可以说是百花争艳的服饰大潮流。

▲ 1910 年，虽然有人还留着辫子、穿着马褂，但也有人已经西装革履，顺应时代了

更有西装新少年
——西装流行

西装又称作“西服”“洋装”，从西方舶来，一般都有翻领和驳头，三个衣兜，是衣长在臀围线以下的上衣。清末民初，中国封建专制社会的大厦将倾，西装源源不断传入我国，对传统服装体系构成强烈冲击。南北各地崇洋风气的不断蔓延，从洋楼洋油洋车到洋布洋帽洋装，成为人们竞相追逐的时髦物品，可谓“大江南北，莫不以洋为尚”。当时的新式学堂，其章程多模仿日本或欧美，明确提出了不缠足和衣饰整洁的要求，女学生装一时蔚为风气。西洋服饰的广泛流行，在社会上产生了广泛的影响，公众舆论也普遍认为：“欲救中

▲ 民国初年京剧大师梅兰芳穿西装、戴领带的照片

国，必自改革习俗入手。”

广义的西服特指西式服装，以对应于中式服装；狭义的西服则是指西式上装或西式套装。西服外观挺括、线条流畅、穿着舒适，加上与领带或领结相配，显得高雅典朴和庄重，“西装革履”常用来形容文质彬彬的绅士风度。民国肇始，西式服装已经在中国大地上广为流行，特别是上海、广州、武汉、天津等大城市，出现了穿用西方服饰的潮流，公司商号、衙署机构从业人员一般在正式场合总是首选西服洋装，于是西式衣帽服饰用品大量进口，服装公司也在《申报》上发广告说：“本号向办洋装衣着，早经驰名中外，民国军光复大汉以来，各省热心志士，无不纷纷改装……本主人有鉴于此，特向各国名厂定造应时各色纯色呢绒哔叽衣料及改装应需各种杂货……”据记载，当时在不少大都市，特别是一些通商口岸，男子穿西装、西裤、西式大衣等已非常普遍。

▲ 20 世纪初，青年时期“以公理争强权”的外交家顾维钧穿西式服装、打领结的照片

▲ 20 世纪 30 年代，上海身着西服的男子，搭配一丝不苟，英俊潇洒

在这些喜欢穿西装的人士中不但有政府官员、业主富商、教师学生、公司职员、机关办事员等，甚至还有工厂里的青年工人。洋装风气的推波助澜，使一些经济能力有限的小职员为了时髦和体面，不得不去购买廉价的旧西装，时称“淘西装”，上海吴淞路、霞飞路（今淮海中路）一带许多专售旧西装的商店就是在这种背景下应运而生的。

当时的社会舆论对这种服饰潮流褒贬不一，众说纷纭，穿着西装尽管比较时尚，但并不排斥旧的服饰，以致“西装东装，汉装满装，应有尽有，庞杂至不可名状”。一些时髦女子往往新旧相杂，打扮得不满不汉、不中不洋，不伦不类。但与清代不同的是，人们开始可以比较自由地选择服装的式样和色彩。

西方工业文明所带来的新的风物已经在古老的

▲ 民国时期，身着西式服装的男子与一群学生的合影

中国大地上发生着“润物细无声”的改变，西洋货物与物品，特别是洋布洋纱的大量输入，使得土布和土纱受到致命的排挤。由于海外贸易不断发展而源源输入的羽纱、呢绒、洋绸、花布等国外衣料和西式成衣，也大量涌入中国市场。

1912年4月22日《申报》刊载《西装叹》：“更有西装新少年，短衣窄袖娇自怜。足踏黄革履，鼻架金丝边。自诩开通世莫敌，爱皮西地（即ABCD）口头禅。醉心争购舶来品，金钱浪掷轻利权。”西服的流行成为挡不住的滚滚潮流，顺应着社会发展进步而奔腾不息。

大半旗装改汉装

——中山装兴

辛亥革命终结了传承千年的服饰等级制度，千百年来以衣冠“昭名分、辨等威”的做法被废弃。《中华民国临时约法》确立了人民一律平等的制度。根据这一原则，临时参议会讨论了男女礼服制式，规定男式礼服分大礼服与长礼服，为西装和长袍马褂，女式礼服为上衣下裙，有领。

▲ 身着中山装的孙中山先生

▲ 20 世纪 30 年代，男子身着中山装拍摄结婚照

当时，社会上流传着一首“移风易俗”的竹枝词：“大半旗装改汉装，宫袍裁作短衣裳。脚跟形势先融化，说道莲钩六寸长。”在那个时代，衣着的混乱也正是社会转型新旧交替的写照。在洋装盛行之际，有人提出西服与中国人生活方式不尽符合的看法：“华人惯用丝绵羊皮，今如西式之衣，层层均系单夹，于天寒亦殊有碍。”其他还有领带、手套等亦让中国人不习惯，价格也比较贵的批评。怎样使西服平民化，尊重中国人的穿着习惯，是推进服装改革的关键，提倡国货，加速西洋服饰中国化的进程，中山装在这一过程中终于应运而生了。

中山装之所以得名，当然是与其首倡者孙中山先生有关。孙中山在辛亥革命之后除了致力于共和制度的缔造之外，也关注着社会的移风易俗，并且早就注意到了服饰问题。他感到西装穿着不便，而中国原有的服装过于陈旧、拖沓，他身体力行致力于新服装的创制。对于这一服装的来源，有说是参照英国猎装，有说是改进的南洋华侨“企领文装”，也有说是以日本陆军士官生服装而改制，还有说是起源于日本铁路工人服。其实，这一式样与欧美日本的服饰有明显的不同，突出表现在关闭式的立领，纽扣直线排列均匀，背有缝，腰节略加收拢，穿起来收腰挺胸，凝重干练。裤子则把传统的连裆裤改为前后两片组合，腰围有折裥，侧面和臀部有口袋，裤脚带卷口，构成中山装的原初样式。

据老同盟会员回忆，孙中山认为“穿西服就得用外国的衣料，那样就要花我们本国的钱，使我们的黄金白银外流”。后来，孙中山就把华侨中流行的一种学生服的式样，加上一个翻领，口袋改为四个，这就是中山装的雏形。由于这一服装的样式结构合理，穿着自然舒服，孙中山先生率先垂范，很快就流行开来。在一般县城“服公务者多用西装短制中山服”。20世纪20年代末国民政府重新颁布《民国服制条例》时，确定中山装为礼服，延续至今，成为中国人喜爱的服装。后来又经过了多次改进，最终形成了平民实用风格的中山装。

中山装还有着这样的寓意：四个口袋代表“国之四维”，五粒纽扣代表宪法学说，左右袖口的三个纽扣则分别表示三民主义和共和理

▲ 1939 年 12 月，浙江地区抗战受伤战士荣誉团，虽离不开拐杖，但中山装笔挺，仪容整洁，散发着不屈不挠的英气

▲ 20 世纪 40 年代，两个分别身着中山装与西服的男子的合影

念。在1929年国民党制定宪法时，曾规定一定等级的文官宣誓就职时一律穿中山装，以表示遵奉先生之法。中山装的形制表现为：立翻领，对襟，前襟五粒扣，四个贴袋，袖口三粒扣，后片不破缝。孙中山建立民主共和体制的三民主义理念在服装上得到完整体现，中山装成为“革命”在身体空间的象征符号。中山装出现在历史巨大变革时期，是告别旧时代，进入新世纪的标志，具有深远的影响。贴身适体，领下等距离排列的纽扣，顺垂衣襟而下，呈中轴线。对称式四袋设计，实用稳妥，与西服相比，更显自然庄重，具有东方人的气质与风度。中山装的出现对中国现代服装的发展起到了主导作用，在民国时期被称为“国服”。

中山装成为革命与时尚的象征，孙中山带头穿着，而后成为南京国民政府的统一制服。正是由于中山装的简便、美观、实用，以后的国民革命军军服基本上也采用了中山装式样。第二次国内革命战争时期的工农红军和以后的八路军、新四军、人民解放军的军服也都沿用了中山装的基本样式。

簇新时派学旗装

——旗袍改良

旗袍之名，源于努尔哈赤建立的八旗制度，满族被称为“旗人”，他们的袍衣就被称为“旗袍”。其基本款式是圆口领，窄袖，向右侧捻襟，下摆四面开衩，带扣绊，束腰带。一年四季就这一个样式，仅有布料不同之分。

民国开元，社会生活出现了前所未有的新气象。服饰界的行家们一般都把20世纪20年代看作旗袍流行的起点。旗袍式样的变化，经过千家万手，在时代风尚的影响下不断变革。从20年代至40年代末，旗袍风行了20多年，款式也是几经变化，如领头的高低，袖子的短长，开衩的尺度等都有不断改进，不仅使旗袍彻底摆脱了老式样，而且改变了中国妇女长期束胸裹臂的旧习，让女性体态和曲线美显示出来，正是迎合了当时女性解放的风尚，与时代的潮流趋向一致。

▲ 1927 年犹太摄影师 Sam Sanzetti（沈石蒂）在他开设的第一家影楼拍摄的旗袍美女

其实早在清末，开埠通商后的上海人，得风气之先，早早就开始挣脱传统服饰的禁锢，率先进行了旗袍改良。也是在上海浦东，有位叫小宝珍的裁缝，年方18岁，他从一张照片上看到慈禧太后穿的那件直筒式满族女袍而获得灵感，制作了一件大红织锦缎、有轮廓曲线的新式女袍，新娘子穿上这件新式礼服出足了风头。

这个小宝珍师傅，原名金宝珍，小名毛团，是浦东川沙孙桥乡新丰村人，13岁师从赵春兰学裁缝手艺，后来开办上海鸿翔服装公司。金宝珍推陈出新改良旗袍，惊动了当时大名鼎鼎的宋耀如（洋名查理·宋）。金宝珍做的翡翠色织锦缎女袍，令宋耀如、倪桂珍夫妇（宋庆龄、宋子文等宋氏姐弟的父母）赞不绝口。倪桂珍满心欢喜，说："我喜欢这件改良式旗袍！"这可以看作上海改良旗袍的最早开端。

▲ 20 世纪 30 年代穿旗袍的女子。旗袍被誉为中国国粹和国服

陈无我《老上海三十年见闻录》记录了时人申左瘦梅生的竹枝词："簇新时派学旗装，髻挽双双香水香。拖地花袍宫样好，宽襟大袖锦边镶。"上海是通都大邑，自海运开放，西方服饰对上海影响最大，当时的样式变化主要集中在领、袖及长度等方面。先流行高领，领子越高越时髦，即使在盛夏，薄如蝉翼的旗袍也必配上高耸及耳的硬领。渐而又流行低领，领子越低越"摩登"，当低到实在无法再低的时候，干脆就穿起没有领子的旗袍。袖子的变化也是如此，时而流行长的，长过手腕；时而流

行短的，短至露肘。因此到30年代，旗袍已完全脱离了原来的满人旗袍形式，演变成一种风格新颖独特的样式，既保持了中国传统服饰特色，又吸收了西方服饰的优点，充满着中西合璧的时代气息。

20世纪30年代是旗袍的黄金时代，人们常把30年代的旗袍称为“海派旗袍”，在名媛淑女会集的上海，旗袍成为海派文化的突出符号。在保存至今的上海月份牌上，旗袍美女们精致玲珑、开放活泼的形象呼之欲出。在装饰上，旗袍也变得越发精致和华美，滚边、纽扣也别具一格，而且大多由手工制作。到40年代，全民族抗战的硝烟弥漫在中华大地，灾难深重之时，社会舆论提倡服饰节俭，支持抗战，抵制洋货，于是，30年代旗袍衣边扫地的奢靡之风逐渐消弭，此时的旗袍省去了一切繁琐的装饰，由于战争及由此带来的女性外出谋生、独立的普遍需要，旗袍出现了许多人性化的改良，更加富有个性。

▲ 穿着时髦华丽旗袍的女子，尽显优雅气质

▲ 20 世纪 30 年代，上海三个穿硬衬高领旗袍女子

值得一提的是，十里洋场中，摩登女郎、交际名媛、影剧明星等在旗袍式样上的翻新立异，也促进了旗袍的推陈出新。30年代初，经社交名媛薛锦圆女士提倡，上海妇女又时兴在旗袍四周滚上一圈花边。1933年，电影明星顾兰君首先在旗袍左襟开衩，连袖口也开了半尺长的大衩，一时摩登女

▲ 20 世纪 30 年代，四位旗袍女子与两位男子的合影

性竞相仿效。以后，因为开衩的关系，旗袍里面又盛行衬马甲。同时，旗袍的腰身也越做越窄，完全贴身，将女性全身的曲线充分显露于外。青布旗袍最为当时上海女学生所欢迎，一时不胫而走，全国仿效，几乎成为20年代后期中国新女性典型装扮。

玄葛大衣玄兔毛

——大衣风衣

中国古代有“大衣”之制，最早是作为古代妇女的礼服，起源于唐代，沿袭至明代。宋人高承《事物纪原·衣裘带服·大衣》说：“商周之代，内外命妇服诸翟。唐则裙襦大袖为礼衣。开元中，妇见舅姑，戴步摇，插翠钗，今大衣之制，盖起于此。”其实，这所谓“大衣”与现代意义上的西服的“大衣”，还是大相径庭，难以比拟的。

大衣是西服的一种。据说1730年，欧洲上层社会出现男式大衣，其款式一般在腰部横向剪接，腰围合体，当时称礼服大衣或长大衣。到19世纪20年代，大衣成为西方人的日常服装，衣长至膝盖略下，大翻领，收腰式，襟式有单排纽、双排纽。到了1860年，大衣长度又变为齐膝，腰部无接缝，翻领缩小，衣领缀以丝绒或毛皮，以贴袋为主，多用粗呢面料制作。女子大衣则出现得晚一些，大约出现在19世纪末至20世纪初，它是在女式羊毛长外衣的基础上演变而

▲ 20 世纪 40 年代冬日，身着皮大衣的周恩来与张群握手言欢的情景

来，衣身较长，大翻领，收腰式，大多以天鹅绒作面料。

作为多种风格大衣之一的双排扣大衣，最早出现于18世纪初的英国海军士兵身上。这些士兵从一个港口到达另一个港口，有越来越多的欧洲舰队上的士兵喜欢穿这种功能性外套，双排扣大衣也开始了它的纵横大西洋之旅，直至1881年被美国海军所用。在此之前，它一直都是官方海军制服。只有到接近20世纪时，双排扣大衣摆脱了军需品的束缚，它出现在冬日的街头，成为军人与普通民众共享的一种全新的大衣风格。

西式大衣作为西服之一种，约在19世纪中期传入中国，并与西服、领带等一起流行起来，既可以作为商务外套，也可以作为休闲服饰，几乎是所有男士衣橱中出场最多的秋冬单品。值得一提的是女子大衣。中国最早有披斗篷的习惯，源自古代的蓑衣，无袖且宽大，用

▲ 1936 年，在欧洲旅游的中国女性，清一色地身着大衣或风衣

▲ 民国影帝金焰身着西式毛领皮大衣，这件大衣极为时髦，又保暖

▲ 20 世纪 30 年代，圣约翰大学三位身着西式呢子大衣的学生

来遮风避雨。明清时，开始出现用丝织品制成的斗篷，并不限于雨雪天使用。清代中叶以后，妇女开始流行在冬季穿着斗篷，其制作工艺也开始越发精良，一般都采用上好的绸缎制作，有精美的纹绣。到民国时期，毛织、皮草斗篷开始盛行，造型上也越来越西化，保暖性和时尚度都有所提升。女性将这种大衣罩在旗袍之外，大放异彩。

大衣的质料再朝前发展，就形成民国时期风靡中华的皮草。当时上海市巡警月薪为10银元至13银元，上海卫生局的科长月薪是30银元，而一件黄鼠狼皮的大衣市价为一万银元。这个价格对于大部分女性来说，不啻是一个天文数字，自然担负不起，只有那些富得流油的贵妇人、阔太太和交际花、影星等能够承受，她们都以拥有一件皮草制品为梦寐以求的事情。松庐《妇女新装竹枝词》就写到过用兔毛制作的大衣："玄葛大衣玄兔毛，长袍短罩最时宜。高跟革履纯丝袜，达步行来不转移。"后加说明："妇女大衣，以玄色毛葛制作，较呢线尤为光艳夺目，领袖口镶以玄色之皮，益形美观，足高跟皮鞋，行路时别饶风姿也。"

风衣诞生之初就有“战壕服”（Trench Coat）之称，所有的设计都是为了实用。第一次世界大战时期，作战的英国士兵需要长时间蹲守战壕，无论是沾水后笨重至极的呢子大衣，还是不保暖、又不透气的橡胶雨衣，都成了作战的阻碍。于是军队四处订购防冻防风防雨的军装外套，推进了风衣雏形的诞生。1856年，英国出现“巴宝利雨衣”，不仅保暖结实防风防水，而且每一个细微之处都有着特殊用途。到20世纪20年代，风衣逐渐从军队和警队走向了大众，开启了新的篇章。因为它既防雨又防潮，同时还具保暖功能，独特的设计仿佛是专门为了应对阴雨绵绵的雾都伦敦的气候。于是，风衣很快传播开来，传入我国以后，本土设计师对其不断改进，为民国男女在大衣之外，又平添了一份灵动飘逸的气场。

▲ 1947 年，上海一位身着时髦花格子呢大衣的女子

江州司马青衫湿

——职业服装

说起职业服装，人们首先想到的是历代的官服衣冠，具有很大的标识意义，唐代诗人白居易《琵琶行》：“座中泣下谁最多？江州司马青衫湿。”青衫就是那个年代官服的颜色。宋代诗人汪洙作《神童诗》，其中有“满朝朱紫贵，尽是读书人”一句，也反映了朝廷官员服饰的情况，倘若衣衫褴褛，就不像是在朝廷任职的公务人员，而是一伙聚集的乞丐了。

辛亥革命推翻了皇权，人们在着装方面已经没有尊卑之别，职业服装体现的是公务人员为社会服务的服装，有标识作用。随着社会行业分工的扩大，公务人员的职务有高低之分，所以不同公服还是存在一些差别与标识，在帽、服、裤、外套、革靴等部分，均有纹样与标识装饰，军服则在帽徽、领章和袖章等上面都有纹饰的区别，其服制规定的细致程度不亚于当今的职业装。

除此之外，随着社会分工日趋复杂，从事不同行业的社会服务人员的着装，也要有所不同，除了北洋政府以大总统教令行之的重要服制法规，教育部、交通部、财政部、全国烟酒公卖局、各省海关监督公署，还有以“部令”颁行的特种业别的编制服制。诸如学校、铁路、邮政、路政、船员等，都有特定的服装样式。有了职业服装，不仅是对服务对象的尊重，同时也使着装者有一种职业的责任感，是敬业、乐业在服饰上的具体表现。

▲ 20 世纪 20 年代，洋行买办商人的着装

▲ 1937 年，上海一名骑自行车的邮递员，穿着邮差制服

穿白色护士服的护士，成为当时医院护理工作的主力军，她们脸上带着清纯真挚的笑容，穿着白色护士服，呈现出白衣天使的模样。再如，电车公司的售票员穿深色大衣，肩上挎一个放钱款和车票的小包，女子售票员着装裙装，斜挎背包，样子都与众不同；就连一般餐厅女侍应生的服装，政府也要求“不能过分艳丽”；至于色彩上的要求，也是出于专业与标识，铁路职工一般要穿蓝色制服，海关人员穿蓝黑色制服，邮递员穿深绿色制服等。

邮递员在那个时代被称为“邮差”，穿着和邮筒颜色一致的深绿色邮政制服，在马路上十分显眼。在南京、上海等大城市中，邮差大多骑自行车送信，也有骑摩托车送信的，到了郊区，则骑马送信。国民政府颁布的邮差统一服装规定：甲、质料，夏卡其，冬呢；乙、颜色，应保证邮政专用之绿；丙、式样，夏冬一律中山装。邮差作为整个邮政体系中经常和民众打交道的岗位，其表现自然会影响邮局的口

▲ 20 世纪 30 年代，上海洋行公司的经理

▲ 民国时期的旅游饭店服务人员的服饰

▲ 民国时期上海公共汽车售票员的装束

碑。为了规范其工作，邮政管理机构专门为他们定制了统一的工装：一律为绿色的中山装样式，其上缀有标明身份的工号或铭牌。

1906年，京汉铁路建成通车后，为方便执行公务，沿途车站工作人员开始实行统一着装，站务人员为灰色短领制服、大檐帽；其他工人为灰色制服、小檐帽。队长是绿色路服，总巡是黄色路服，皆戴金边大檐帽，其他人员是银灰色路服和帽子。铁路工作人员着装统一，这项制度沿袭至新中国成立。

职业装是为工作需要而特制的服装，服装必须合身，袖长至手腕，裤长至脚面，女裙长过膝盖，尤其是内衣不能外露；衬衫的领围以插入一指大小为宜，裤裙的腰围以插入五指为宜。不挽袖，不卷裤，不漏扣，不掉扣；领带、领结、飘带与衬衫领口的吻合要紧凑且不系歪；如有工号牌或标志牌，要佩戴在左胸正上方，有的岗位还要戴好帽子与手套。穿着职业装的规范要求是整齐、清洁、挺括、大方，衣裤无污垢、无油渍、无异味，领口与袖口处尤其要保持干净。衣裤不起皱，穿前要烫平，穿后要挂好，做到上衣平整、裤线笔挺。款式简练、高雅，线条自然流畅，也是有标识感，便于岗位服务的题中应有之义。

▲ 民国时期穿西服、打领带、戴眼镜的宋子文

▲ 民国时期一个普通家庭的合照，男士所戴的圆框眼镜已成为潮流

金丝眼镜自由头

——眼镜流行

随着西服东渐的热潮，除了西服、中山装、大衣等正装之外，作为男装的新的饰物也开始出现，眼镜成为西服进入中国的一个重要饰件。

人年纪大了，会目力不济，杜甫《小寒食舟中作》诗云：“春水船如天上坐，老年花似雾中看。”春来水涨，江河浩漫，所以在舟中漂荡起伏犹如坐在天上云间；身体衰迈，老眼昏蒙，看岸边的花草犹如隔着一层薄雾。在科技不发达的古代，古人很早便知道用凸透镜来帮助视力。《墨子》记载了许多对光和平面镜、凸面镜、凹面镜的论述。到汉代基本上就能用水晶石加工磨制具有放大功能的镜片了。不过，那个功效，充其量如同手持一个放大镜。

南宋赵希鹄《洞天清录》中记载：“叆叇，老人不辨细书，以此掩目则明。”“叆叇”，据说是译自阿拉伯语，南宋人祝穆《方舆胜览》曾提到“满剌加国出叆叇”。那所谓“叆叇”也只是两片连在一起的放大镜而已，连镜腿都没有。明代画家仇英绘制的《南都繁会景物图卷》中，就有一位老者戴着眼镜坐在挂有“兑换金珠”招牌的金店门口，这副眼镜没有镜腿，而是直接夹在鼻梁上的。

明代后期的田艺蘅在《留青日札》中写道：“中用绫绢联之，缚于脑后。”说明那时人们已经采用在镜架两端系线，然后将线挂于耳朵上或者缚于脑后的方式来固定了。这种戴眼镜的方式一直延续到了清代中期。法国国家图书馆藏有一本绘制于清代的《苏州市景商业图

▲ 民国初年，蔡元培身着西服佩戴眼镜与他人合影，当时镜片多为圆形

▲ 1930 年 10 月 16 日，戴金丝眼镜、面目清秀的苏州女子。绒线帽子也很别致

▲ 民国时期，一位戴眼镜、绅士打扮的男子与妻儿合影

▲ 民国时期，著名建筑学家梁思成戴着眼镜阅读

册》，里面有30余幅明末苏州街景图，其中一幅画中出现了一家“益美斋精制水晶眼镜铺”，与此同时，苏州还出现了一位名叫孙云球的眼镜技师。他将学来的简单且原始的光学知识具体化，成功制作出了各种凹凸透镜，同时又掌握了一套“随目对镜”的原始验光方法，可以按照人的年龄和不同的视力研制出老花镜、近视镜等不同光度的镜片，把我国的眼镜制造工艺推向了一个新的高点。

到了清代初年，眼镜的价格一路走低。明末清初学者叶梦珠在《阅世编》中云：“近来苏杭人多制造之，遍地贩卖，人人可得。”也就是说，在清朝初年，眼镜已经走进了寻常百姓家。18世纪50年代，西方出现了带镜腿的完整眼镜架。1784年，美国发明家本杰明·富兰克林发明了双焦距眼镜。1825年，英国天文学家乔治·艾利发明了能矫正散光的眼镜。至此，眼镜的最终形态基本确定了。

晚清及至民国初年，随着洋服、洋货大举进入中国，穿洋服的男子戴一副金丝边眼镜成为时髦。洋行买办戴一副金丝边眼镜当然是显示他们的气派和身份地位，后来一般城镇中的“布衣绅士”也不甘落后，也要戴上一副平光的金丝边眼镜。《海上竹枝词》记载了当时的时俗：“学界开通到女流，金丝眼镜自由头。皮鞋黑袜天然足，笑彼金莲最可羞。”可以看出眼镜在当时的流行程度。

眼镜在晚清成为普遍流行的物品，随着眼镜国产化比例增高，价格也随之下降，从清康熙、雍正年间开始，人们佩戴眼镜变得非常普遍。到了嘉庆、道光时期，文人和官员中流行在身上佩戴眼镜盒。清末民初，戴眼镜者大抵是读书人。时间既久，眼镜也就成了读书人的标志。当时社会中还有羡慕读书人的风气，不读书的人也戴上眼镜，以显示其斯文：“眼镜戴来装近视，学他名士老先生。”

清嘉庆年间张子秋《续都门竹枝词》云：“近视人人戴眼镜，铺中深浅制分明。更饶养目轻犹巧，争买皆由属后生。”在晚清的上海滩，有人指出了后生们买眼镜，其实也并非为了学名士，装斯文。李行南《申江竹枝词》曰：“少年不尽风流态，叆叇斜窥红粉妆”，年轻的后生戴上一副眼镜，得窥美人风韵。那一刻，在眼前也是开启了一个新世界。

不是摩登不少年

——摩登备品

清代大量文献把“时髦”作为形容词使用，并与外来且新奇的东西联系在一起，与英语词汇fashion最为接近，现在一般都称为“时尚”了。

民国江苏青浦人郁慕侠写《上海鳞爪》，聚焦于20世纪二三十年代上海十里洋场的风貌，书中写道：“现在一般摩登的青年和有钱的富翁，不但对于衣、食、住、行都崇尚欧化，即如起居一切、语言动作，也都仿效西式。如衣非西装不着，食非大菜不快，住非洋房不乐，行非汽车不走，还有屋里的装饰、身上的穿戴，都统统西式是求。叫起人来，满口‘密斯忒’‘密斯’；写中国字，必喜横写；吃食水果，也要吃外国货；生病吃药，也要购外国药；连断了气直了脚，也要困一口外国的玻璃棺材，才觉心满意足。”30年代在上海

▲ 西装革履下的摩登配饰，合影中梁思成、陈岱孙、金岳霖等男士手拿的就是时髦的费多拉帽，又称礼帽

学生群体中流行这样一首竹枝词：“欲占人间风气先，起居服御用心研。矜奇立异标新式，不是摩登不少年”，穿西服、看电影、跳舞、喝咖啡等西式社交活动是他们日常生活的必修课。

要说民国第一时尚帽子，非费多拉帽莫属。费多拉帽是一种帽顶很低并有纵长折痕且侧面帽檐可卷起或不卷起的软呢帽，有腔调的男人几乎人手一顶，而且可以搭配任何衣服。在20世纪初，费多拉帽还只是女式帽，到了20年代，随着上流社会男士西服的流行，逐渐成为男士的时髦新宠，很快流行起来，穿西装可以戴，穿马褂也可以戴，穿大衣当然更可以戴。如果手里再攥一副手套，或者拄一根象征绅士的“文明棍”，那时尚效果特别能凸显男子的儒雅气质。

如前所述，眼镜也是一个时髦备品，戴上让人感觉文质彬彬，仪表堂堂，一度成为十里洋场高级职员、文化名流凸显身份气质的必备品。钟表这种舶来品在明代晚期已开始出现。钟表特别是怀表，那时候是王公贵族的玩物，几乎与普通百姓无缘。男人喜欢戴表，这么多年来一直没有变。在晚清怀表可能更流行一些，连末代皇帝溥仪都无法拒绝怀表的魅力。皇家贵族、达官贵人的服饰，腰带是个很重要的装饰物，不仅戴怀表，还同时佩戴玉佩等各种装饰物，走出来豪横得很。后来，民间士绅也戴起了怀表，但位置逐渐上移，从腰间转移到胸口处了，大致就在别胸针的位置，有的人还会故意把表链垂下来，看起来更加帅气。人们会把怀表的表链与衣服扣子系在一起，把怀表装进口袋里，露出怀表的链子给自己增加腔调感。

当然，到民国后期，戴手表的人越来越多，无论是手表还是怀表，都能让男人

▲ 1919 年，浙江杭州，一位手执拐杖的算命先生

▲ 民国时期，老年男人手执的手杖，也叫“文明棍”，走路时笔挺的身姿和西服相映成趣

▲ 20 世纪 30 年代，一位戴眼镜、手执礼帽的年轻男子，模样很不赖

在举手投足间散发无穷魅力，展现出迷人的风姿。再如手杖，中国自古有之，雅称“扶老”，“坐看云溪忘岁月，笑扶鸠杖话桑麻”。无论是帝王还是平民，给高龄老人祝寿，通常都会赠送手杖，这也是中国风俗所致。从18世纪起，西方人一身笔挺的西装加上一双锃亮的皮鞋，手中再拿上一根手杖，笔挺的身姿，笔挺的礼服，以及一根笔直而精致的手杖，这是旧时西方绅士彰显风度和身份的招牌形象，也曾经被中国人视为绅士派头而加以模仿。

民国年间，一些知识分子将西方样式的手杖带回故土，一般是直杖，木质，杖头包银，足口包铜，色泽古雅，做工精致。一些西装革履的知识分子，年纪轻轻，手里拿着一根拐杖，表示自己的时髦前卫，看上去怪怪的。然而，这根手杖在民国有了一个新的名字——“文明棍”，也叫“司的克”（stick），正是这根“文明棍”，曾经在江南的各大城市中风靡一时。

尚有裙衫同一色

——西式女裙

历来的中国服制，基本上是“上衣下裳”为起点，女装在漫长发展过程中，虽曾出现过战国至汉晋间盛行的深衣，但女子服饰最经典和最流行的固定搭配大体是上衣、下裙。这种上短下长的搭配，不仅能凸显女性曼妙的腰部曲线，也让上下身比例在视觉上有所拉伸，营造出纤长柔美的感觉，代表了女性在裙装上追求仙气十足、灵动飘逸的审美取向，是汉晋以来最潮女装穿搭之遗风。

此后，不论是隋唐的衫、帔、裙，宋代的褙子、罗裙，还是明清的袄、衫、马面裙，处在不同历史时期的名媛，总是能够依照上衣下裙“两截穿衣”的基本法则，搭配出一种又一种符合时代和自身喜好的时髦穿衣风格。

俗语有云：“牡丹花下死，做鬼也风流”“拜倒在石榴裙下”，

▲ 1927 年犹太摄影师沈石蒂（Sam Sanzetti）拍摄的上海穿裙子的时尚女士

▲ 民国时期上海新女性常穿的中西合璧的套装，上身类似西装，下身一袭长裙

▲ 20 世纪 30 年代女学生穿的制服袄裙

这“拜倒在石榴裙下”一句，都是用于描述男子为心仪女子所倾倒而事事迁就、甘愿付出的痴情状态。石榴裙便是红裙，苏州竹枝词里有“红裙妒杀石榴花”“窣破罗裙红似火”，都是指这种石榴裙。生活于明清时期的宋徵璧曾经写过一首竹枝词：“吴中女子真无赖，暮暮朝朝换妆束。去年袖带今年窄，今年典尽不须赎”，不难看出，几百年前的吴地女子追求时尚，也是丝毫不比现代女子逊色的。

明代，出现了百褶裙的名称。裙褶有细密褶纹，也有大褶纹，褶纹装饰也十分讲究，有的还将整块缎料用手工做成细褶纹。清李斗《扬州画舫录》卷九载：“近则以整缎折以细裥，谓之‘百折’。其二十四折者为玉裙，恒服也。”说明明清时期的百褶裙制作精细，为妇女的常服。史料中记载的月华裙、凤尾裙、阑干裙、马面百褶裙等，均可视为百褶裙的演变。清人李渔曾感叹道：“近日吴门所尚‘百裥裙’，可谓尽美。”辛亥革命后，随着文明新装的流行，此类波光鳞甲似的复杂裙式渐为人所淡忘。被誉为尽美的褶裙已湮没不彰，且确实是由西方服饰的影响所致。

而西化后的中式套裙，前后裙片在人体两侧缝合，裙身呈桶状。

▲ 1924 年三个身穿袄裙的女子

维系开口的方式是在前后裙腰两端分别缝缀布袢，穿入棉绳。由此看来，传统中式女裙在接受西裙影响后转变的第一步，亦是最关键一步，即为围裙向套裙的转变。与此同时，裙门、裙腰等局部结构也不得不随之而变，一改旧时样式。因而，此时的女裙呈现出中西合璧的形态特征。

所谓西化服装，并非西式服装，而是中、西服饰构成要素的混合体，之所以称此时的女裙为西式女裙，是因为单从桶形裙状和套穿方式看，看似西式女裙；而从宽阔的裙腰和绳系方式看，仍保留了部分传统造型元素。在女裙色彩及装饰变化方面，都或多或少受到西化元素的影响。清时，织物染料以植物及矿物为主。上衣多用青、赤、黄、白、黑等正色，女裙多用绿、红、碧、紫、流黄等杂色。其中，又以红裙、绿裙为尚。而裙色喜好的变化亦受西风影响。不少女子开始抛弃传统的色彩观念，追求服装颜色的和谐、美观、脱俗。上海的时髦女性，有的"缟素衣裳偏称体，淡妆不着石榴裙"。

裙子在传统的等级观念上有着重要的意义，以前主要是汉族妇女穿裙，满族贵妇除了朝裙，平时不穿裙子。晚清时期，汉满互相影响，于是都开始穿裙子。清末上海之浦南，妇女则把它系在衣服的外面。原来只有青楼女子和婢女穿的裤子，被后来以裤代裙新行头所取代，良家女子也开始效仿，裙、裤的禁忌也开始被打破。

▲ 20 世纪 40 年代，照相馆摄制的职场女性的裙装

▲ 20 世纪 30 年代的渔娘在撑船，她们常年漂泊在水上，几乎终生在船上生活，生活困苦

愿郎撒网妾摇船

——渔娘服饰

明代文湛《渔家竹枝词》有一首渔妇词：“阿侬家住太湖边，出没烟波二十年。不愿郎身做官去，愿郎撒网妾摇船”，用语通俗，读起来也十分流畅。这是描写终日里打鱼的妇女，不愿丈夫做官，而宁愿与男人一起在风浪中捕鱼。

对水上作业的渔妇，一般称呼叫“船娘”，其实在江南，“船娘”这个称呼如同人们现在叫“小姐”一样，会产生歧义的，太湖流域对水上作业的妇女一般称为“渔娘”，以区别于传统的“船娘”称呼。周劭在《明代的娼妓》一文中论曰：“明季的娼妓事业，当推南都为中心，其地北招维扬，南徕姑苏，再加上秦淮旧迹，遂成为征歌

▲ 1939 年富春江上划着船桨的小姑娘，露出甜美的笑容

选舞的胜场。”一般提起“船娘”，人们总是与画舫里的艺妓联系起来。范烟桥在其笔记《茶烟歇》中，也有一则径以《船娘》为题云：“苏州船娘，艳著宇内，与秦淮桃叶媲美。故《吴门画舫录》班香宋艳，与《秦淮画舫录》同为花史巨制，开《教坊记》《北里志》之生面。近时顿见衰落，虽画舫依然，而人面不知何处去矣！”

江南多古镇，青砖黛瓦马头墙，小桥流水嗲渔娘，吴侬软语酥人醉，别有一番风韵在这家。几艘乌篷小船停靠在码头，唤船出发，穿过孔桥，一撑一拨一推之间，就进了这芦苇迷宫。摇橹的渔娘一般都是本地人，吴侬软语，诉着水乡故事。江南渔妇的服饰，明代以前，渔娘以自织麻布为衣，清代，男人着大襟长衫或对襟短衫，女人穿大襟中长褂，男女均穿大腰折叠式筒裤。至于滨海渔娘的服饰，虽然也受到城市服饰快速变化的影响，但自古形成的“古朴”“简洁”的风俗仍然是显著的特点之一，因为要适合水上环境和出没风浪的劳作，船家打鱼作业的渔娘一般多穿短衣短裤，便于撒网捕鱼。

濒临东海的渔民，生活在沿海岛屿上的男子，一般多穿“笼裤”，腰头另出，便于系扎，一般裤脚较短，裤筒较大。用土布制成，质地厚实，耐磨耐穿，经济实惠。裤裆宽大，双腿下蹲上抬都没有阻碍，显得很灵活。而渔妇的服饰通常是“头巾、布褴、横襟衫”

▲ 江南一户船户的女儿，在镜头前还略有一丝迷茫和羞涩

▲ 1945 年秋，杭州游船上的女子

▲ 1949 年，上海苏州河上，一位穷苦的渔娘在船舱烧火做饭

三大件，老年渔娘喜戴黑、白头巾，年轻的喜戴花头巾，布褴是渔娘必备之物，既方便家务劳作又便拣虾、晒鲞操作，具有保暖、遮尘、盛器物等多种功能。渔、盐民夏天习惯赤脚，冬天穿“龙花蒲鞋”。农民喜穿布袜，八纽草鞋。

渔娘衣饰随着年岁的大小，有着不同的要求，青年妇女以花俏为主，巧妙地运用色彩对比、衬托、交错的手法，恰到好处地突出了渔娘衣衫的人体美和装饰美，给人轻盈洒脱之感。

每一艘船，都载着许多故事。渔娘，便是这些故事的诉说者，从人文历史到风光美景，都在这一桨一桨中，旖旎了江南四季。日出，她们乘风破浪；日落，她们满载而归。渔娘衣衫历史悠久，世代相传，相因成习，传承性很强。尤其适宜于水乡生产劳动，实用价值较高，深受人们的喜爱。这些服饰在长期的发展中，不断地变化和更新，形成了具有滨海渔民和水乡地区民俗文化传统特色的审美观念，上海与苏南地区的渔家衣衫，仍保留着这种传统特色的服装。

第四章

日新月异的男女时装

在近现代民族服饰形成和发展的过程中，最具典型意义的是西服、旗袍的普及和时装的流行和演变。

“西服”源于西方，是一个舶来品。最初只是由外国人在中国通商城市开店制作。后来一帮中国人慢慢地学会了制作技艺，形成了专做新潮西式服装的“红帮裁缝”，很快就形成一种穿搭新式洋装的风潮。旗袍原为清代满族妇女的服装，20世纪20年代初，旗袍开始在社会上普及起来，最初的样式与清代旗袍没有多大差别，但后来就有了明显的变化，如袖口缩小，长度减短，腰身收紧等，滚边也不如以前那样宽阔。人们对旗袍进行了无数次的改革和创新，如袍身、衣襟、衣领、开衩、袖子、以及宽窄的尺寸、装饰的繁简等，在不同时期均有所变化。

自20年代起，旗袍日趋盛行，几乎成了中国妇女的标准服装，从达官显贵、富商财主的太太、小姐，到学生、工人、家庭妇女，无不普遍穿着，它不仅是人们日常的便服，也是政府规定的社交场合和外交活动中的礼服，具有浓厚的民族特色；旗袍美观适体，其上下连属的形制容易显示出妇女的体态，加上高跟鞋的衬托，更能体现出女子的秀美身姿，故符合近现代审美观念；可变性、宽容性大，人们可通过面料、色彩、纹饰、款式及附属装饰的变化，较为自由地创制出各种不同的风格样式，以适应自己的特殊需要。

值得一提的是，三四十年代的妇女时装也对促进服装更新，起过很大的推动作用。时装意指时髦、新颖的服装，其特点是翻新快，变动大，它的流行和传播与近现代的社会风尚及文化生活有着密切的关系。而这一特色实际上反映出人们对西方服饰的引进已从先前的单纯模仿阶段上升到消化吸收，融会贯通的阶段。

当然，就全国范围而言，不仅情况纷繁复杂，而且发展也是不平衡的。一般来说，汉族地区、通都大邑、工商界和知识界、青年人接受西式的和近现代新型的服饰较多；一些居住在边远地区少数民族、乡村内地平民阶层、老年人则较多保留中式的和传统的服饰。可以说，这些反差强烈的场景在民国时期是十分常见的。

▲ 民国时期的短发女子穿时装，呈现别一样的风情

电影明星“坤伶三杰”“四大名旦”“四大皇后”之首“尚小云徒弟”琴雪芳摩登新潮的肖像

时新衣服剪纱罗

——时装流行

清代男装、女装虽对传统服饰各有秉承，但在宽大垂长这一点上又殊途同归。“长裾雅步”，颇有“雍容华贵”之态，这种服饰，在农业文明时代也许看不出有多少麻烦，但显然难以适应大机器工业文明时代的生产生活方式。

辛亥革命前，社会上没有“时装”概念。20世纪20年代之后，国际上才正式把女式流行服装定名为“时装”（fashion）。1912年9月8日《大公报》刊载文章说当时“西装东装，汉装满装，应有尽

▲ 1939 年纽约世博会中国代表团的女子

有，庞杂至不可名状”。人人可以随心所欲地穿着打扮，再没有等级界限和服制规定，这正是新时代的重要标志。

在时代大潮的裹挟下，众多普通裁缝对“时装”的普及也功不可没。19世纪中叶，上海浦东有个叫赵春兰的裁缝，生于1826年，是川沙唐暮桥赵家村人。少年时继承父业，学做裁缝。22岁那年，赵春兰到镇上一位叫摩尔根的英国传教士家里做缝衣工，看到外国女士

▲ 上海良友影迷社出品的民国时期女影星“都市丽人”装束肖像

▲ 20 世纪 40 年代的少女时装

穿的衣服与中国传统女装明显不同，西人的时装特别讲究线条和轮廓，于是细心揣摩。摩尔根见赵春兰天资聪颖，勤奋好学，就带他到英国伦敦一家服装公司学艺。经过三年的苦学深思，赵春兰回到家乡上海，在南市老城厢曲尺湾开了一家专做女子洋服的裁缝铺。

一天，一辆考究的马车载来了英国驻上海领事的夫人。这位洋太太对赵春兰裁制的西服，很是惊讶。赵春兰礼貌地说：“尊敬的领事夫人，请允许我为您裁制一件更合身的，好吗？”只见他取出一块丝绒面料，披在领事夫人身上。接着，在她的身材曲线起伏处，用针做上标记，然后，手持剪刀，“嚓嚓”几下，变戏法似的裁出了一件曲线正确、贴身优美的晚礼服衣型来。这个傲慢的英国女人被赵春兰的技术惊呆了，不由连声赞叹：“不可思议，聪明的中国裁缝！”

赵春兰这一手叫“立体裁剪法”，要说来由，还是他在英国学习服装裁剪技艺时创造的。赵春兰采用这种裁剪方法，对人体曲线和放松度的掌握要比平面裁剪更准确，缝制出来的衣服更贴体美观。当时英国伦敦的《泰晤士报》还作过专题报道，上海本帮裁缝赵春兰开做女子时装的先河，使世世代代做中装的浦东裁缝，一跃成为制作现代时装的技师。

所谓时装，是指流行、时髦的服装样式，它不像传统服装那样始终遵循着固定的格调和刻板的模式，而是时时有所变化，处处有所创新。在20世纪最初一二十年里出现的上海时装，是在商品经济迅速发展，西方文化不断输入，民主改革思想深入影响等总体背景下应运而生的。当时的文人墨客用竹枝词的形式，记录了当时上海人穿着“时装热”的盛况：“云髻新编脑后拖，时新衣服剪纱罗。倾瓶香水浑身洒，风送芳香扑鼻过。”

时装的出现是女性服装繁荣的显著标志之一。当时的上海，已是全国的时装中心。可见当时时装的翻新速度之快。对此，上海各大报刊都辟有“服装专栏”，传播各种新型服装的信息；一些大百货公司、纺织公司、服装公司为了扩大影响，推销商品，时常举办各种形式的“时装表演”。1933年的上海报刊上曾刊登过这样一首歌谣：“人人都学上海样，学来学去难学像；等到学了三分像，上海早已翻花样。”可见时装翻新之快和当时人们对上海服装的青睐。

毋庸讳言，人们注重装束打扮，以穿着时装为时尚，与当时社会上那种重金钱，轻道统；重享乐，轻节俭的价值观念有着十分密切的联系。由于受到浓重的商品意识的影响，近代上海都市的服饰中，洋溢着一股强烈的拜金主义风气。“笑贫不笑娼”“只重衣衫不重人”的种种市侩陋习，应了一句俗话“富在深山有远亲，穷在闹市无人识”。流风之下，上海人普遍对穿着打扮非常重视，甚至要超越自己的经济能力，用时髦华丽的外表来包裹自己的身体。

西装旧服广搜罗

——西装定型

清末《沪江商业市景词》有首竹枝词：“西装旧服广搜罗，如帽如衣各式多。工厂匠人争选购，为他紧束便摩挲。”道出了那个年代男子服饰的改变。我们不妨从“民国第一外交官”之称的嘉定人顾维钧穿西装的故事说起。

1912年4月，获得美国哥伦比亚大学国际法和外交博士学位的顾维钧，受邀出任临时大总统袁世凯的英文秘书。这位年轻人刚到北京，感到浑身不自在，到处都是穿着长袍马褂的人，似乎与这个洋装绅士有点格格不入，过不了多久，顾维钧发现，许多从外地到北京的人，特别是由南方来北京谋生的年轻人，大多“穿着长江流域流行的衣服，不少人还穿着西装，虽然西装的剪裁不十分标准”。这种情景，令顾维钧感受到“中国似乎正处于从旧体制进入新纪元的过渡阶段”。

▲ 20 世纪 30 年代，鸿翔公司礼服东号

社会大变，男子服饰也跟着发生改变。尽管剪辫运动伴随着质疑、反抗和暴力，其紧迫性和必要性仍然被大多数人所认可，人们迫切需要以彻底的“顶上革命”，来显示与旧时代决裂的坚定态度。当西装渐渐流行起来后，甚至出现了盲目崇洋的现象，让很多固守传统的人士对此颇有微词。清宫旧臣恽毓鼎参加朋友的葬礼，见吊客的服饰各自不同，道袍、大清官服、西装、便衣混杂一处，回家后便忍不住大发感慨：“民国成立已三阅月，而礼服至今未定。大庭广众，致现种种怪相，尚复成何国家！……无纲常，无名教，无廉耻，人心亡而中国亦亡。”

1912年10月，民国临时政府正式颁布了服饰法令《服制》，将男子礼服详细地定为大礼服和常礼服两种。大礼服完全照搬了英式古典装扮，身着燕尾服，头戴圆筒礼帽，搭配活动折角衣领和黑色西

▲ 培罗蒙在上海可算是上好的西装店，贵且好。许达昌与其儿子穿西服合影

▲ 民国时期男性的西装造型

▲ 民国时期男性最正式的晨礼服燕尾服穿得一丝不苟，还得戴上大礼帽

裤；常礼服则采用长袍马褂，搭配西式圆顶礼帽和“色黑长及胫”的西式礼靴，既接纳西式礼服的元素，又保留长袍马褂的特色，两种服饰并存的模式，实乃是多方妥协的产物。

对于西服，在当时的北京，就有人讥讽其为“对襟小夹袄儿”，蕴藏着调侃和不屑的意味。其实，穿西服，对于人体就一定会感到自在舒服吗？也不一定。漫画大师丰子恺说过：“西洋服装有‘适体’的美，……衣服裹得这么紧，透得过气来吗？”丰子恺本人留过洋，又是美术大家，对于求新图变，他是不会有非议的，他批评的是不顾民族审美情趣、不考虑自身条件，盲目追求西洋化的倾向。

然而，民国初年，西服所代表的并不仅仅是舒适与实用，它俨然成为一个改朝换代的政治符号，既然与政治扯上关系，那么穿与不穿、如何穿，也就不再是一种简单的个人选择了。据民俗学家邓云乡说，民初一些青年人为了表示易服的决心，甚至在数九寒天里只穿一套薄薄的银灰色“对襟小夹袄儿”，虽冻得涕泪横流，双膝打战，也决不将袍褂穿上身，以显示政治正确，而与坚守传统的遗老遗少们划清界限。

而在南方，在上海，鲁迅曾辛辣地讽刺道：“宁可居斗室，喂臭虫，一条洋裤子却每晚必须压在枕头下，使两面裤腿上的折痕天天有棱角。”上海人考虑较多的当然不是服装背后的政治，而是经济上的计较了。清末李宝嘉《文明小史》中道出了“洋装瘪三”在易服风潮中那点小算计：“不瞒你说，你说我为什么改的洋装？只因中国衣裳实在穿不起，就是一身茧绸的，也得十几块钱。一年到头，皮的、棉的、单的、夹的，要换上好几套，就得百十块钱。如今只此一身，自顶至踵，通算也不过十几块，非但可以一年穿到头，而且剥下来送到

▲ 民国时期男士的西装造型

当铺里去，当铺里也不要。这一年工夫，你想替我省下多少利钱？”精打细算如此，也是让人深为叹服了。

实际上，男子改装的事，还确实与丝绸、成衣等行业的利益相关，上海是对西装最早吸纳之地，对服饰一事也最为敏感，深知洋装袭来之势难以阻挡，“外货畅销，内货阻滞”的局面，必然把国产布料逼到了悬崖边上。在困境之中，拯救国货的呼吁声渐成规模。从抵制洋布到抵制洋装，各种形式的抵货运动开始显露峥嵘，服装从一个侧面牵动着国民经济的利益链条。

暮暮朝朝换妆束

——西式裤装

传统中国社会，女人的裙子和裤子是不能随意穿着的，色彩上的禁忌也必须严守，包天笑《衣食住行的百年变迁》中写道：“红裙就是大礼服，上身如穿了披风，下身必系上红裙，裙身有褶裥，以多为贵，称之为‘百裥裙’。前后有两长方绣品，称之为‘马面’。这种

‘马面’上，往往有极美的苏绣。”当然，穿红裙也是有规定的，要夫妇双全才可以穿，寡妇则是碰不得的。

清代江南汉族女性的下装大抵以裙为主，而裤子则主要是作为内衣穿着。到了19世纪末，随着欧风美雨袭来，由于受到妇女解放思潮的影响，加之西式服装确实具有简洁、方便的特点，裤子也开始在女性中广为流行。江南女性数千年上袄下裙的衣裳传统，终于在清末民初迎来一波重要变化，出现了服装文化的颠覆性革命，女裤开始以一种重要的外衣形式出现。

裙古通“群”，一般的意思是指由多幅面料拼接而成，有五幅、六幅或八幅之制。清代以前的裙子，一般都是围系，并不缝合，清代之裙，马面裙又叫马面褶裙，前后共有四个裙门、两两重合，裙门重合部分为“马面”，裙身侧面有打褶。这种结构的裙子堪称古代女裙多面手，深受不同时期汉族小姐姐的喜爱，流行时间从明到清一直延

▲ 民国时期，上海四位谐星中有两人穿着美国好莱坞风格的吊带裤，成为时尚的象征

▲ 20 世纪初上海街头的时髦女性，衣领与鼻尖齐平

▲ 民国时期身着背带裤的老照片

▲ 20 世纪 30 年代，影星胡蝶身着西装外套搭配浅色哈伦裤与长款皮靴

▲ 20 世纪 30 年代，身着衬衫与西装裤的男旅客，在上海港即将登轮检查

续到民国。辛亥革命前后受西方影响，围系之裙慢慢转变成套穿之裙。而民国之后，出现了裙子与裤子的结合体，是为裙裤。

清末出现的女式合裆裤，“裤管初较宽，后渐变窄，末端镶有花边”，具有较强的实用和装饰价值，至宣统前后，合裆裤的裤管开始向窄瘦的方向发展，镶边也比以前减少了。民国建立之后，女性的裤装向着简约和更趋多样化的方向发展，女性穿上了专属于男性的裤子。这种穿搭形式深受时髦女性的追捧，随着社会思想的开化，女性裤装外穿，使女性方便劳作，便于活动，同时也体现了追求男女平等的思想，上衣下裤成为一种女性着装风尚。

据说，第一次世界大战前的欧洲，女人只能穿裙子。如果妇女也敢于穿裤子，就会被惩罚。法国王后卡塔琳娜·冯梅迪齐喜欢骑马，骑马不穿马裤不方便，但又不敢违背时俗。她灵机一动，来了个组合——马裤外面套长裙。有了这种组合，1910年和1911年，巴黎的三位服装设计师帕坎、德雷科和贝肖夫·达维德，把裙子和裤子组合起来，发明了裙裤。

其实，这种亦裙亦裤的裙裤，裤管展宽、外观似裙的裤子，像裤子一样具有下裆，裤下口放宽，外观又形似裙子，是裤子与裙子的一种结合体。这种裙裤曾经是宋代女性的时尚装扮。后来传到日本，成为日本传统服装。

裙裤保留了裤子的优点，如便于行动，不易走光等，又具有裙子的飘逸浪漫和宽松舒适。穿腻了裙子或裤子，不妨来试试裙子和裤子的结合体——裙裤。

西纱西缎暑寒分

——寒暑换装

江南区域的气候特点，一直处于变动之中。就一般情况而言，江南处于亚热带向暖温带过渡的地区，气候温暖湿润，四季分明，是很

▲ 20 世纪 30 年代一个深秋时节，身穿中山装、西装和长衫等各种服装的人们在一起聚会

▲ 20 世纪 30 年代春夏季节的女服务员，那时候的女性服饰已经很时尚了

▲ 20 世纪 40 年代春夏之交穿短袖的女子正在低头嗅花

适合各种作物的生长和最为适合人类居住的区域。历史上，人们的服饰穿着虽然和朝代的兴亡，经济的变动，有很大的关系，但与环境气候的寒暑交替也有重要的关系。气候的变化，甚至对人们的衣着服饰有着更为重要的影响。服饰也是艺术创造，是实用品也是艺术品，在艺术创造中始终与大自然融为一体。

江南四季分明，有看不尽的绿肥红瘦，梧桐蔽日，香樟林立，重阳木遮天；白玉兰清香，三角枫优美，马褂木点缀，谁也说不清那里的细叶为谁婆娑，花朵为谁开放，只是一年四季都执着地为这个地区的人们装点。因为江南温暖多雨，气候湿润，自然界五颜六色，服饰与自然环境相协调，也就五彩缤纷，而北方气候寒冷干燥，自然景色单调，服饰也就比较单调，多以蓝色、黑色为主色。

然而，梅雨是江南地区独有的天气现象。每年六月中旬到七月上旬前后，在西太平洋副热带高压的影响下，冷暖气团在长江中下游流域交汇，带来大量降水。梅雨是江南地区的一个气候特点，此外，春雨，伏旱，冬季的阴沉细雨和阴冷，也是江南民众不得不面对的气候特点。人们为了生存，就要适应各种不同的自然环境，“物竞天择，适者生存”，任何生物，包括人的生存，都需要依附于环境因素。

清末朱文炳《海上光复竹枝词》云：“自昔通行百裥裙，西纱西缎暑寒分。今教宽大沿欧俗，不使旁边现折纹。”所谓服装的“暑寒分”，就是千百年来人们学会看气温穿衣服，在炎夏之夜，轻衣薄衫可谓是一种自在的享受。而冬季里数九严寒，江南男子就会穿着“作裙”，一来可以防寒，二来类似围裙可以耐脏。一方水土养一方人，不同地区的服装潮流风格也有各自的特色，江南地区总的穿衣风格是保留了温婉恬静的气质，不争抢，不扮嫩，花素不忌，让自己穿得舒服又得体。

随着冷空气的到来，人们上街都开始穿上厚实保暖的外套，这是因为冬季气候严寒，阴气重而阳气衰。冬季气候的主要特点是“寒”，气温下降会引起人体血管收缩，对于时尚人士来说，隆冬时节是最考验服装搭配功力的时候，如何穿得既保暖又时尚，不显臃肿拖沓，是一门技术活。特别是30年代和40年代，是中西文化交流、碰撞和融合的一个重要时期，在西方文化的影响下，江南服装风格也产生了诸多变化，形成兼容并蓄、精彩纷呈的靓丽景致。旗袍搭配皮草大衣、真皮手套罩在倒大袖之下、毛织物围巾缠绕在绣花盘扣上……这种搭配不但不显突兀，反而格外迷人。冬天总是萧条而素瑟的，当万物凋零，遍地落英，人们依然能在城市中发现生机盎然的绿，也不失为一种希望和生命的象征。毛织、皮草斗篷开始盛行，造型上也越来越西化，保暖性和时尚度兼容，民国时期女性的穿搭方式也多了很多选择。

▲ 1921 年上海乡间男子围裙冬装

▲ 1946 年冬，国立上海医学院的学生身着棉袍聚在一起温习功课

无论炎夏，还是严冬，江南女子适应气候特点，穿花显洋气，穿素不邋遢，你去看那些人，总是装束得时髦得体，没有人规定过，时尚只能是年轻人的权利，尤其是对于懂得穿衣打扮的女人来说，年龄真的只是一个数字而已，并不能阻碍她们追求时髦的要求。相较于年轻时的青春，老去之后的体面才是女人在岁月中沉淀出的最有韵味的美丽。

▲ 身着新式泳装，躺在沙滩上的女子，在“男女授受不亲”的社会，无疑是很大胆前卫的

春江女子感文明

——女子泳装

自古以来，社会对女性身体的控制措施一直很严厉。譬如强制女人束胸缠足，就成为一种恶俗。女子不但不隆胸，反而束胸，以平胸为美，令女子都以帛束胸……在这种审美观指引下，女子穿着长过膝盖的长背心睡觉，以减少身体的裸露，出门时在旗袍、大褂里面，必须穿上马甲、胸褡，明清以后，出现了一种由“捆身子”内衣演变而来的俗称“小马甲”的内衣，在女性中流行开来。

到了民国初年，女子着紧身背心，即所谓“小马甲”内衣，它的形制与穿在外面的坎肩不同，一般都比较短小，在小马甲的前片，缀有一批密纽，使用时将胸乳紧紧扣住。对于追求开放的女子来说，紧身背心的“小马甲”也能演绎出风情，有人就采用轻薄纱料制成背心，外罩网纱，露胳膊现肌肤，因而不时受到道学先生的攻击，认为这是一种淫服，致使道德沦丧，世风日下。1920年上海市政当局确实也发布通告，“故意奇装异服以致袒臂、露胫者，准其立即逮案，照章惩办……”女子只要穿着低胸露乳、裸露胳膊、小腿的服装，就将面临刑事处罚。

五四之后，洋装成为时尚，一些妇女开始模仿西洋女子束腰凸胸提臀的样子，穿起文明新装。但是顽固的保守观念仍在束缚着人们的思想。1926年，京沪两地各发生一起轰动性的新闻事件：一是性学博士张竞生在京城公开出版了《性史》一书，大谈“性的美好”；二是上海美专校长刘海粟“怂恿”第17届西画系采用裸体模特上课写生，并在画展公开这些“裸体淫画”，一时舆论哗然，报刊学界纷纷声讨者不乏其人。结果还是保守派占了上风，《性史》被禁，刘海粟差点坐牢。

《上海竹枝词》中就有一首记录道：“春江女子感文明，装束无端又变更。高底皮鞋长统袜，袒胸露臂若为情”，袒胸露臂成为女性服饰的一种时尚潮流。比袒胸露臂更具影响力的，是女子泳装的引进和流行。世界上的服装尽管五花八门。然而包含泳衣在内的泳装却具有很强的共性，作为一种服装，它变得越来越简单，而暴露的身体部位越来越多，泳装发展史中不断发生的道德规则和性意识之间的冲突和社会变化有关。1930年内务总长朱桂莘的女儿洪筠，也算是当时

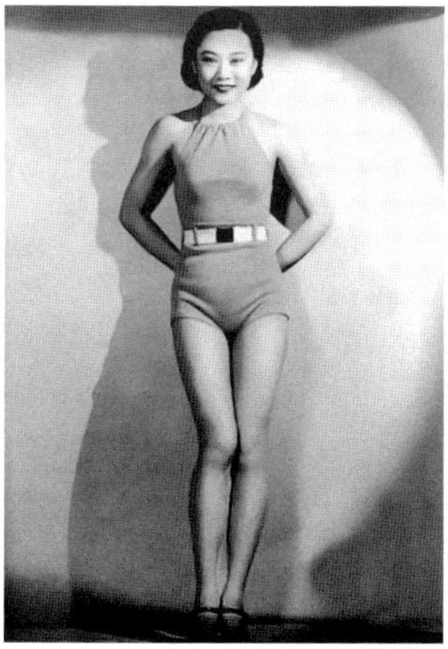

▲ 民国女子的泳装照

▲ 20 世纪 20 年代女子的泳装照

▲ 身穿泳装的民国名媛洪筠

▲ 民国名媛泳装照

的名媛了。她率先穿着西式泳装，在北戴河与男生同池游泳戏水，舆论哗然。一个大家闺秀不学女红，不读圣贤书，大庭广众之下，裸露身体，在当时是突破旧传统的勇敢举动。

也不必追溯古代的“泳衣史话”了，泳装的出现，并成为一种专用服装，肯定是20世纪初的事情，正式的泳装出现在1909年前后。1936年电影导演孙瑜编剧和执导的国产电影《到自然去》，说的是北洋舰队周将军是一个自命有维新思想的“实验家”。一天，他忽发奇想，与三个女儿及一群人一起乘游艇到大小洋上遨游，不料遭遇飓风漂流至荒岛。由黎莉莉、白璐、龚智华、徐健等扮演的三个女儿和丫鬟阿梅，穿着泳装，在荒岛上生活悠闲自在。四位靓丽女影星一个个穿上连衣裤式泳装，她们健康、娇美的身姿，通过泳装展示得淋漓尽致。电影的传播力，把泳装的开放观念推向了时代的前沿。

1935年，有“美人鱼”之誉的游泳女将杨秀琼穿上了新时尚的国际泳装——两截式泳装，上面乳罩，下面短裤。她的泳装照片刊登在《中华》杂志上，成为时尚泳衣的展示者。许多电影明星、飞行家、富家名媛也都身体力行，引领着民国泳装与女子内衣风尚的潮流。

女扮男装浑莫辨

——女效男装

说起“女扮男装”，人们不由得想起南北朝的《木兰诗》中有言：“雄兔脚扑朔，雌兔眼迷离；双兔傍地走，安能辨我是雄雌？”自古以来，民间女效男装，唐代以太平公主为代表，而民间传说作品中，如《梁山伯与祝英台》《花木兰》这类传奇故事，都演绎得很生动。明末清初的柳如是在乱世风尘中，往来于江浙金陵之间，由于她美艳绝代，才气过人，遂成秦淮名姬，留下了不少值得传诵的轶事佳话和颇有文采的诗稿，如《湖上草》《戊寅草》与尺牍。她喜着儒服，女尚男装，大家戏称柳如是为“柳儒士”，也算是历史上的一段佳话。

时势造英雄，过了300年，到晚清时期，为了推翻满清，革命党人的口号，包括剪发易服，男女平权。男女平权最直接的表现就是女

▲ 鉴湖女侠革命烈士秋瑾的男装照

▲ 清末江南女扮男装图

子男性化。江南又出了一个鉴湖女侠秋瑾，堪称典范。1904年2月，秋瑾开始穿西装，那是她赴前门外欧阳夫人举办的绅宦妇女诗文座谈会时的事，日本女友服部繁子回忆中有这样的记录：人们起先误以为她是一个俊俏的男子。因为她满头的青丝呈“男式分头，斜戴着一顶黑色的鸭舌帽，盖住了半只耳朵，一套蓝色半旧的西装不尽合身，由于袖子太长，从袖口下只能稍稍看到纤细的素手，提着一根细手杖，又肥又大的裤子底下可以看见一双褪了色的茶色皮鞋，胸前垂着绿色领带”。

在秋瑾看来，男性化的装扮是着意强调女性的社会地位，追求男性的阳刚之气，争取男女平等。她是希望以改变服饰使自己从外观到心灵都趋向男性的。她曾对服部繁子这样说过：“在我们中国，男人总是逞强，女人却懦弱，一直受压迫。我总想使自己树立起男子般的自豪感，所以想先把外形打扮成男的，进一步直到内心也是男的。”这种极具个性化的见解，体现了女性要求解放、获得自由的渴求，也表达了那个年代妇女追求身心自由，崇尚男女平等的心声。

清同治十一年（1872）7月9日，《申报》刊载晟溪养浩主人稿《戏园竹枝词》：“帽儿新戏更风流，也用刀枪与戟矛；女扮男装浑莫辨，人人尽说杏花楼。”这首竹枝词说出了女性为时代潮流所裹挟，亦是由于西洋时尚服饰的影响。民初社会，各类思潮并存，在爱国热潮的激励下，妇女们开始投入到革命活动中，她们为了显示与时代的同步，提出更新女子服饰、简化传统女装的要求，以便于参政。1913年初，为适应时代变化，政府草议出女子礼服服饰：“礼服照公布图样，长过膝一寸，袖宽六寸。衣带，已出阁者用紫红色，未出阁者不拘于颜色。便服齐膝，袖长齐手腕，袖宽四寸，腰前身稍宽，领高不过两寸”。这一规定实际上并不严格，但顺应了妇女们在新思想的指导下，力图改变自

▲ 清末女扮男装的富家小姐

▲ 民国时期男装示人的孔二小姐孔令伟，又名孔令俊

▲ 1928 年 1 月 21 日，有“冬皇”雅誉的京剧坤生孟小冬，以一袭男装照登上《北洋画报》封面

身形象的要求。

突破服饰传统规范的契机，就是西洋风尚的传入。当时，不少的红星妓伶、名门闺秀，“常越闺范”女扮男装。那个名噪一时的孔二小姐，是民国“四大家族”中孔祥熙和宋霭龄的二千金，从小撒野成性，不仅活泼好动，喜作男人打扮，还爱好射击、抽烟、骑马、飙车……一生做事堪称是敢作敢为、胡作非为、无所不为，无边无际的权力庇护，更使她不知法律为何物。由于孔二小姐行事跋扈，性格乖张，人送外号“混世魔女”。其实她就是个不折不扣的“女汉子”，她的男人扮相，也因此显出几分英气与霸气。此后直到二三十年代，女效男装的照片时不时地成为杂志吸睛点，女伶着传统长袍马褂，名媛着西式男装，当时小说里的时髦女角，也多是这番打扮的。

孙中山说过：“礼服在所必更，常服听民自便。”这更加鼓舞了妇女在穿着上的自由发展，追求大胆奔放、不拘格式的服饰。事实上，就民国时期整个女装的发展变化而言，本身就是一个自由化的过程。民众在政治上实现了衣着的平等权，不分贵贱可以穿同样的衣服。民国服饰的变革打破了烦琐的服饰礼仪，用服装区别等级的观念逐步被改变。这种服饰穿着形式上的变革，也是人性的一次解放。

▲ 1934 年国民政府发起新生活运动，丝袜亦在奇装异服取缔之列。致女子无所适从

▲ 20 世纪 40 年代，丝袜传入中国，风靡一时

白衫黑裙长筒袜

——丝袜走俏

旗袍的历史是近代中国的百年风情史，丝线缝起了过往时光，绣出了民国女子的绝代芳华。花样年华中与旗袍一起流行开来的，还有高跟鞋、时髦饰品，其中还有丝袜。

1924年，印度诗人泰戈尔来华访问，林徽因和她的丈夫梁思成，还有诗人徐志摩一起参与陪同和翻译。且不说泰戈尔在华游览名胜，会见我国的文坛巨子，就说林徽因身着呢子大衣，戴着黑色小礼帽，穿着黑色的丝袜和高跟鞋，所拍的照片，经报纸的传播，很受当时教会女学生们的青睐与追捧，一时成为时尚界的顶流。那时候的女学生，已经开始身着“文明新装”，紧身衫袄，下身则是长及小腿的黑色长裙，裙底就露出了深色丝袜。这股潮流，素净而不张扬，很是吸引了国人的眼球，让北平与上海的城市女性视为时髦而纷纷效仿。

要说丝袜的作用，最大的作用莫过于可以露出女人的纤细小腿，其最好的搭配就是裙装，实际上是另一种形式的“露美”。除大城市之外的江南各城镇的时髦女子，她们看到丝袜这样的新奇之物，给它取了一个好听的名字——“玻璃丝袜”。难道丝袜是玻璃做的吗？不是。因为当时的丝袜是肉色的，穿在腿上还是可以看到皮肤，就好像是隔着一层磨砂玻璃一样，但又起到一种朦胧美化的效果，丝袜的透明度很高，手感更光滑，谓之“玻璃丝袜”是一种“望文生义”的直

▲ 1939 年街头地摊卖袜子的老者

观表白。

早先的丝袜，主要质料是丝和棉，而且一般也是手工缝合的，每条袜子后面都会有一根线，价格也贵得吓人，一般平民女子是穿不起的，在苏州富家小姐的嫁妆中才会出现。据说，当年南京市市长刘纪文的夫人，花了25银元买了一双丝袜。为此，这位市长也受到弹劾，要知道25银元，在当时足够满足普通市民一家人一个月的生活费了，可见丝袜在当时的精贵程度。爱美却又囊中羞涩的平民女子，买不起丝袜，却想出了奇招，用颜料在小腿上“涂”出了丝袜的颜色，包括小腿肚上的那一根线，模仿得惟妙惟肖。

▲ 1948 年，一名挑夫立于上海街头的丝袜广告牌下

▲ 1949 年，上海街头的“狗头牌”袜子户外广告

不过，到40年代，丝袜价格奇高的局面不复存在，1937年，美国杜邦公司发明了尼龙丝袜，委托联合袜厂研制生产，1938年10月27日，杜邦公司的尼龙丝袜在纽约世界博览会上正式亮相，掀起时尚狂潮。1940年5月15日，400万双咖啡色尼龙丝袜在美国首发，只用了几天就全部售罄。这种薄如蝉翼而又比之前的长筒袜更加牢固耐穿的现代产品，让当时的女士们趋之若鹜，抗日战争胜利后，尼龙丝袜很快就向中国庞大的市场倾销。

苏州作家包天笑在《上海春秋》撰文称上海最初是由先施、永安两大公司经营“环球百货”销售洋货，时价为每双1元，分黑、白两种颜色。丝袜的流行，甚至还衍生出了一个新的行当：修补丝袜的袜匠。上海街头的街边弄堂里，常有修补丝袜的摊档，当然是大受女眷们的欢迎。不小心钩破了丝袜，自然不用再捶胸顿足了，小修小补，自是不用再把腰包掏得肉痛了。

最早的丝袜产生在16世纪的西班牙，当时开发出来是作为男人的紧身裤，材料则是蚕丝。神奇的是，没经过多长时间，丝袜就成了欧洲女人们的宠儿，对丝袜这个宝贝，欧洲的女人们迷恋至极，因为可以露腿了。

丝袜最早是欧洲中世纪贵族们的着装，换句话说，是贵族男子的专利，以丝袜包裹与遮盖住这些男子腿上茂盛的腿毛，公元16世纪，欧洲的皇亲贵胄大部分选择穿着白色袜子，以显示他们不是那么粗野。但真正使丝袜走向女子广泛穿着的，还在于工业文明的发展。尼龙被发明之前，人们的衣服、袜子主要是用棉花或者丝绸做成。当第二次世界大战终于结束，人们对美好的生活产生了更加强烈的愿望，而尼龙丝袜成为了大家重新追捧的对象。在当年为约束女学生仿效妓女服饰等行动，北洋政府的《取缔女生服饰》命令中，就特别要求禁穿丝袜。然而，潮流是不可能被行政当局一纸命令所禁止的，上海《民国日报》刊发殊君《白衫黑裙长筒袜》的段子：“白的衫，黑的裙，长筒的袜儿——圆脚胫。蓬松发，桃红唇，两只眼睛活灵灵！两只眼睛活灵灵！窄窄肩，紧腰身，一双藕臂舞不停，软软酥胸朝前挺”，也生动描绘出女学生充满活力、灵动聪慧的神志，凸现出她们对知识的渴望和对新生活的热情。

中西合璧市招摇
——混搭之风

与西方商人进行贸易往来，必然带来文化的交流，特别是在通商城市，居住着大量的西方侨民，使西方与本土的生活方式和习俗发生各种碰撞和融汇。原先大清王朝那一套服饰等级制度之类的玩意行不通了，人们从封建主义的服制束缚下解放出来，这是好事。但在新的社会秩序之下，又出现了无所适从，或者说左顾右盼的状况。

▲ 婚礼服的混搭以中式服饰为主，搭配西式元素，中式旗袍却披着白色头纱

▲ 民国时期“中西合璧”的结婚照。图为新郎着中式马褂，新娘披西式头纱

民国初年服饰习俗特别明显，尤其是年轻人举办的婚礼服饰。一些具有新思想、新观念的中国人开风气之先，他们效仿洋人，穿西服、西裤用手帕、围巾等。近代上海的一首竹枝词曰：“洋帽洋衣洋式鞋，短胡两撇口边开。平生第一伤心事，碧眼生成学不来。”作者对于新的社会风气似乎有点痛心疾首。总的看，这段历史时期，人们穿的服饰，呈现出新老交替、中西并存、中西交融的格局，或出于好奇，或出于趋时，反正什么服装都拿来穿，于是乎，便出现了当时时评所讽的“中国人外国装，外国人中国装”“男子装饰像女，女子装饰像男”“平民模仿官僚，官僚穿起民服”“妓女效女学生，女学生似妓女”等怪现象。

那个担任大总统的袁世凯，在衣着方面就显露出“中西混搭”的腔调。据晚清戏剧家齐如山撰写的回忆录，1912年2月29日，清王朝刚刚宣布逊位，北洋军曹锟的第三镇（师）下属的军队哗变，史称“北京兵变”。兵变当天，袁世凯就穿着西装在现场，那时穿西装还是比较稀罕的，哗变的乱兵把这位穿西装的老者当成了日本人，对他很客气，还不时有人来请教他所抢财物的价值。有人抢了冥衣铺里的寿衣、被子之类，来问他是否是绸子，他一想如果实话告诉他们，他们又要去别处抢，不如就说是。有人抢到貂皮褂子，问他是什么，得知是貂皮，欢天喜地而去，认为没有白干。还正是这身西装，令袁世凯躲过了人生的一劫。

袁世凯其人，很复杂，争议也很大，然而，他主政的年代，提倡学习西方文明，强调融合中西，尽管后来称帝，但他试图将中国传统文化同现代文明相结合，还是做过一些事情的，就连他死后的坟茔，也搞得中西混搭，神道两旁的文武翁仲，文不像文，武不像武，反映的正是当时人们的审美观念，又充分体现了袁世凯时期“中西混搭”的社会风貌。

▲ 20 世纪 40 年代出现的西式旗袍装

▲ 上海知名画报《良友》刊载的西式旗袍装封面

那真是一个令人诧异的时代，东西方文化冲击交融，活跃的思想潮流更渗透到了普通百姓的衣食住行中来。譬如，服饰中的“元宝领”设计，其灵感很有可能来自当时欧洲女装紧紧护住脖颈的设计，袁祖志《沪上游女竹枝词》云：“衣衫镶滚久相沿，今日通行外国边。夏日空心花样巧，冰绡笼住颈围圆。”大量与“元宝领”类似的夸张的服饰细节和衣裙搭配，一开始会让人们有新奇之趣，但太多的新奇和夸张，也会引发审美疲劳，比如余槐青的《上海竹枝辞》中就有一首《服妖》：“时样新装称柳腰，中西合璧市招摇。方今简朴开风气，莫被欧人笑服妖。”作者在题解中说，当时“妇女服尚新奇，时翻花样，变成不中不西，反不如欧美妇女服装尚有定制”，这就道出了混搭之风太过盛行，反而会影响服装文化的清纯与绚丽。

那个年代，如果看到一对新人男方穿着马褂，女方披着婚纱，那这一定是赶新潮的时尚人，又或者你看到大街上咖啡馆里坐着一帮穿长袍马褂喝咖啡聊天的文化人，也不用惊异，说不定人家就是哪个大学的教授，闲来无事出来喝喝咖啡，消遣时光。封建的官服顶戴被废除，普通百姓也可以身穿装饰有各种图案和各种颜色的衣服。服饰发生各种“混搭”，来自原本对立的多种元素的共存与多种风格的兼容。

江南城市最先接受西方工业文明之风，西方文艺理论、自由主义生活方式，影响并感染着城市市民的日常穿着，新的人生价值观应运而生，各种彰显个性、时髦的装扮占据城市主角，万千新奇的海外舶来品促成城市消费主义的兴盛。此时期中国都市时尚、现代性与女性主体性开始建立共生关系，打破原来 “存天理、灭人欲”的封建礼教习俗，女性身体开始解放，女性意识也逐渐增强，是西方文化与我国传统文化“互融共生”，在服饰风俗上的集中反映。

▲ 20 世纪 30 年代南京城南大街，人们的衣着逐渐受到西方的影响，出现中西混杂的形式

▲ 20 世纪 30 年代中期，鸿翔公司假百乐门舞厅举办国货时装展示会

春风一路看摩登
——时装表演

上海第一次时装表演到底出现于何时？由于年代久远，如今也是众说纷纭，有说是1931年6月鸿翔时装公司在上海大华饭店举办的国货时装表演；有说是画家叶浅予在外商惠罗百货公司楼上办过的第一次时装展览会；还有一说是“1930年中国的首场时装表演大会在上海先施公司二楼举行……”这些说法都不准确。《申报》1926年11月22日第十一版刊载报道《联青社筹办大规模游艺会》，已明确说到了时装表演：“为筹集儿童施诊所经费起见，闻将于下月初假座夏令配克大戏院举行大规模之游艺会，内容约分二种：（一）时装表演。由社员眷属及闺秀名媛担任之，新式服装，旧时衣裳，自春徂

冬，四季咸备，新奇别致，饶有兴趣，为沪上破天荒之表演……”

有学者认为“这‘破天荒’，表明这就是真正的第一次了。时代既如此之早，还有比这更早时装表演的可能性不大；如果此前还有的话，《申报》这样的大报当不至于大言欺世”（周松芳《霓裳羽衣：中国首次时装表演》，《档案春秋》2013年第10期）。不要说报纸会不会“大言欺世”，报纸是人办的，标榜客观公正为幌子，欺世惑众的，人们看得太多了，实际上也会有它的倾向性，这当然是题外话。且说这次“首场时装表演大会”，既属首创，肯定也有不太圆满的情况，是不必苛求的。这次时装表演的主事者是北洋政府第一任总理唐绍仪的千金唐宝玫女士。唐宝玫在上海创办时装表演的初衷居然是“游艺”：以“美术”相号召，又切于实用，“一场演完，群情激动，欲罢不能，只能加演”，于是“上海联青社昨晚九时在夏令配克戏园作第二次表演”。1926年12月14日，上海滩影响最大的报纸《申报》，以《联青社游艺会预志：最出色之一种游艺——时装表演》通报此次表演。

▲ 1934 年 11 月，百乐门沪上名媛主理的时装秀，秀场时装皆由鸿翔公司制作

▲ 1934 年 11 月，百乐门沪上名媛领衔表演的时装秀，依次为徐琴芳、胡蝶、顾梅君、严月娴

这场时装表演，好玩的目的是实现了，但它既没有演示多少传统服装，也没有实现首创者的意图。“时装表演分游戏服全服、跳舞服、夏服、晚礼服等14种，除二种为纯然中国服装外，其余颇近欧化。”它的“商业味道还是很浓的”，沪上商家的利益诉求，在这场游戏中只是一场梦。不过，尽管存有瑕疵，但这次活动，毕竟是现代中国史

▲ 云裳时装公司在营销中引入了新形式——时装表演。图为“云裳”创办人唐瑛照片

上“破天荒”的时装表演。

主办第一次时装表演的社团叫“联青社”，与基督教青年会有一定联系，“留美学生返国后从事商业者所组织，宗旨与扶轮社相同，以真诚服务社会，发展工商事业，增进国际亲善，及辅助公共建设为

宗旨”。主办者宣示：“时装表演之目的有二，一为寓美术教育于游戏。又其一，则为表现服装料作之如何可以充分利用。”

说到时装表演，不能不提到海上名媛唐瑛与陆小曼等人于1927年在上海合资创办的云裳时装公司。它是沪上首家女子时装店，为民国早期唯一由交际界与文艺界人士联合创办，也是首家完全以创制女式时装为主的时装公司。名媛与艺术家合作，是云裳时装的创办模式；艺术与工艺结合，成为云裳时装的企业文化；不间断地举办时装表演与公益活动，是云裳时装的营销模式，营销之中又引入了新形式——时装表演。1927年8月妇女慰劳会主办，由云裳公司具体承办的时装表演活动，1927年8月8日，《申报》梅生《云裳斗艳录》报道：“因发起于次晚（五日）举行云裳新装大会，商之唐瑛、陆小曼、郑慧琛诸女士，均极赞成……兹略述诸女士所御新装如下：唐瑛女士。唐女士平日喜御长衫及西装，是晚衣白地淡红葱绿花衣，下着长裙，更觉婀娜多姿，来宾中颇多拍掌及失声呼妙者……”这次时装表演之所以影响广泛，一是由于时装表演的参与者皆为沪上名媛，非一般女性可比；二是此次时装表演之服装皆为新式时装，与之前时装表演中掺杂戏服、展销衣料之目的不同。云裳公司举办的此次活动堪称一次真正现代意义上的时装表演。

▲ 1934 年 11 月百乐门举行的时装秀，民国四大美人齐聚，从左到右分别是袁绍梅、胡蝶、舒绣文、朱秋痕

张瑜作《故都竹枝词》云：“蓬松烫发最时兴，鞋着高跟底数层。外罩毛衣半光腿，春风一路看摩登。”作为真正现代意义上的时装表演，那些开创者们筚路蓝缕，推动近代中国时装业的发展，提高近代中国时装业的影响力，应该说是做出了重要的贡献。

第五章

男女发型与佩饰、鞋履

近百年来，人们的发型、鞋帽及佩饰与服装一样，历经诸多变革。

清末民初，妇女发式多样。满族妇女流行“大拉翅”，兴起于清代中晚期，至民国七八年才渐绝迹。普通妇女梳各类发髻，堕马髻、朝天髻、连环髻等名目繁多。还有效仿日本妇女的厢发，梳成日式发式。年轻女子多留“前刘海”，式样不断演变，从“一字式”“垂丝式”到“燕尾式”，再到民国初若有若无的“满天星”。清末，梳辫发之风兴起，初现于少女，后普及至中青年妇女。

妇女剪发始于民国初年，20世纪20年代渐流行，剪后多用缎带束结，富贵之家还用珠翠宝石发箍装饰。30年代，上海、天津等地出现配备现代理发器具的美容室、理发厅，烫发在城市妇女中流行，多模仿西方式样，甚至染发。同时，雪花膏、香水、口红等西方化妆品也成时尚。

男子发式相对简单，前清统一辫发，剪辫后，或理短发，或留朝后梳的长发。30年代，西式吹风在城市男子中盛行。

民国时期，礼帽是男子庄重服饰，分冬夏两式，冬用黑色毛呢，夏用白色丝葛，圆顶宽檐，适配中西服装。便帽中西并存、式样繁杂，人们依喜好、身份搭配，如瓜皮小帽随季节更替材质，学生夏季戴鸭舌便帽、白帆布圆形阔边帽，夫役农人戴粗薄草帽、毡帽等。

城市妇女日常一般不戴帽,穿西式服装的时髦女子则爱戴西式女帽,如草帽、绒线帽等。佩饰方面，清代妇女多佩金银、翡翠等制成的首饰，花朵、禽鸟等造型多样，还有耳环、臂镯、项圈等饰品，品官、命妇另挂朝珠。民国时，朝珠废除，男子佩戴饰品现象减少，妇女却越发热衷。追求时髦的女子，衣着华丽之余，喜戴项链、耳环、手镯等饰品，且上层社会妇女佩戴讲究配套，质料、款式、色彩统一，不同年龄佩戴方式有别。西方文化影响显著，钻石饰品取代珍珠受推崇，制作工艺也受西方影响。此外，戒指原是妇女专用，民国时部分受西方影响的男子也开始佩戴，还有围脖、手套、镶钻手表、提包、阳伞等兼具装饰与实用价值的物品，也成时髦女子装束一部分。

▲ 清末江南女子的发式，以高髻为尚

▲ 清末宁波的中年妇女和孩童，女子衣着和发型是当时宁波人的典型装束

六宫争学牡丹头

——发髻时尚

清代统治者实行严酷的民族压迫政策，在执行“剃发易服”法令的同时，也根据中原文化传统、风俗习惯的不同和各地的实际情况，采取了一些变通的措施，即民间俗称的“十从十不从”。所谓“从”，是严格执行清朝“剃发易服”的法令；所谓“不从”，是依旧按照汉人传统办事。“十从十不从”里第一条就是“男从女不从”，是指男子必须剃发易服，剃头梳辫子，穿旗人的服装；女子则可以梳原来的发髻，穿长裤、短袄、短褂等汉人服饰。汉族女子的缠足陋俗也得以保留延续，甚至后来连旗人女子也纷纷效仿这种习俗，使汉族女子服饰头饰始终延续着明代式样，在发型上最为明显。

看清宫戏，似乎清代女子头饰“大拉翅”，一个如同戴在头上

▲ 晚清江南年轻女子精致的发髻

▲ 晚清宁波女子的“帆船髻”尤为醒目，以此寄托对出海亲人的思念

▲ 民国早期两女子发型和衣着，系照相馆布景拍摄

的“小黑板”，或者梳在头上一根棍般的“一字髻”。它会用一种绸缎做的扇形头冠戴在两把头的发髻上，在正面用花朵或金银首饰来装饰，在侧面会留有一些流苏。不但宫廷中的女人如此，就连富家女子也如此，人们似乎产生了清代女子发型的刻板印象。其实，清代女子也不全是清一色的“旗头”。清代汉家女儿的发型极多，因为它是从明代直接沿袭下来的，比较普遍的就是江南已婚女子梳理发髻的习俗。

在江南，特别是环太湖流域周边古镇上的妇女，人到中年，有了子孙，总会梳理一个发髻，通过发髻的装饰，呈现出那份从容与庄重。发髻的作用，不仅让头发梳理得紧密，而且更是一种自然美容，让整个脸上的皱纹消失殆尽，舒适挺括，既精神又保健，让人看起来更显端庄、贤淑。

明末清初尤侗有诗道：“闻说江南高一尺，六宫争学牡丹头。”吴方言习惯把“髻”称之为“头”，“牡丹头”就是明代宫廷都为之倾倒的一种蓬松高髻，先将头发梳至头顶，然后分成几股卷于头顶心，形似绽放的牡丹花，有很好的口彩。为了加强“牡丹”的盛大感，有时还常常会掺入假发。明清苏州女性引领了一场声势浩大的“高髻”时尚的流行，从唐寅、仇英等苏州画家笔下的仕女，多以高髻亮相，高髻分牡丹头、钵盂头、荷花头、松鬓扁头、盘龙头等，尤以牡丹头最为流行。明末清初董含《三冈识略》称“余为诸生时，见妇人梳发高三寸许，号为新样，年来渐高至六七寸，蓬松光润，谓之牡丹头，皆用假发衬垫，其重至不可举首”。甚至连明朝崇祯皇帝的周皇后，祖籍苏州，常命人打探苏州衣饰、发型的流行式样，着人去备。就连备受宠的田贵妃——虽是扬州人，也对“苏州撅”青睐有加。这并非两位宫中佳丽恋家怀旧，实则因苏州在当时已是全国时尚潮流的引领者。

明清以来，江南女子的发髻多姿多彩，不同种类的发髻，装点着女子的发型，譬如“松鬓扁头”“盘龙髻”“元宝头”，清吴友如《风俗志图说》中的妇女就梳着“苏州撅”，就是将头发集中脑后，盘为三股，精心编制成一个长而后翘、抛离髻心的发髻，因髻搭于背后，所以也称“拖后髻”。刚兴起时多为少妇所用，后来老年妇女也经不起潮流影响学着梳理，清人竹枝词中就有“跑行老媪亦‘平头’，短布衫儿一片油。长髻下垂遮脊背，也将新样学苏州”的说法，蓬松高卷的发际给人以端庄典雅之感。

发髻的流行，无非就是在高矮、扁圆、长短、真假、繁简之间的变化，其实时尚潮流就是如此，变幻着、重复着、轮回着。明末清初李渔《闲情偶寄》就认为，江南女子“随手绾成，皆作蟠龙之势”的盘龙头，全用自然，毫无造作，才是真正的美。李渔似乎是预言了百年后的发式时尚，以崇尚自然为本的时尚原则。

晚清时期，特别是进入民国后，江南发髻在江南女子的发型上也得以体现。随着社会的变革，民风民俗发生了巨大变化，女性生活习俗也随之产生了重要的变化，女子发式随着流行而不断推陈出新。曾经时尚的发髻有螺髻、朝天髻、空心髻、盘辫髻、堕马髻、舞凤髻、蝴蝶髻等，显得端庄大方，知性文雅，雍容华贵。那个年代由于生活节奏缓慢，女子在打理头发上能够下那么大功夫，也是让后人惊叹甚至为之艳羡的。

文明模样仿西洋
——男子发型

男女发型，曾经是中国古代仪容中一个很显著的礼仪标志，因为男子成年要行冠礼，簪发戴冠；女子成年要行及笄之礼——盘发；女子出嫁时要边梳头边祝福，原配夫妻则结发诺……礼仪上有诸多讲究与说道。然而有清二百七十多年，一切都改变了，为了表示对清朝的

▲ 鲁迅留着立式板寸发型。图为《阿 Q 正传》俄译本所载，1925 年 5 月 28 日摄于北京

▲ 民国诗人徐志摩梳着分头的相片

▲ 民国青年男子一边倒发型

臣服，就要剃掉前面的头发，将后面的头发打成辫子。辛亥革命以后，国人开始时兴剪发，再也没有对人的头发做出约束性的规定，大抵以短发为主，先是模仿英国式，一种较短而且严谨的绅士发型；之后由于留美回国学生的影响，男子渐渐热衷于学习美国式较为随意的发型。

有人做过统计，考察民国时期男子发型，一般说来有：立式板寸、分头、背头和光头几种样式，当然也会有其他奇奇怪怪的发型，“我的发型我做主”，既是少数人的标新立异，也不入流，不提也罢。所谓“立式板寸”发型，是学西洋、东洋男人的发型，把男士所有头发都剃成寸头长，前额头顶头发稍长，脑后周围稍短的短发。鲁迅先生是大文豪，“腹有诗书气自华”，他留着这种发型，加上一袭长衫，很显学者风范，故坊间也有将这种发型称为“鲁迅头”的，据说当时有不少青年男子都是“鲁迅头”的粉丝，照着这种发型去剪发的。

“分头”发型，其中还有“中分”“偏分”的区别。偏分又有左偏或右偏。分完后再用发蜡发油定型，油光锃亮。北方话说“小分头儿，四两油儿”，上海人说“三七开，小分头”。不论怎样，分头让中国的男士有了新的形象，不管是三七开、四六开还是当中分开，都能打造出别样的男性魅力，稳重却又不失风度。在当时，留这种发型的一般是年轻男子，如青年知识分子，知性有魅力，分头的发际线，吴地方言叫“头丝”，头丝清爽，集儒雅霸气于一体，让人一见难忘。

▲ 从民国到如今，背头风行百年未曾退潮。当时稍讲究的背头男士，还须擦些头油

▲ 民国时期梁思成身着蓝灰西装配斑点纹领结，梳背头发型，风度翩翩

说到“背头”发型，就是把头发向后梳的发型，也有在两边分细缝的大背头。在20世纪30年代，梳理这种发型的男子，当得起那句“谦谦君子，温润如玉”的赞语。一般稍讲究的男子，在自己梳理背头发型时，还会往头上抹一点头油。从民国时代到如今，背头轮回百年都从未退潮。

还有一种“平顶头”，也叫平顶、小平顶。就是头顶头发修得很短的短发。至于“光头”型，北方人称为“秃头”“葫芦头”“光葫芦”“大秃瓢儿”，南方人则一般称“光郎头”，也称“和尚头”，一般是用剃刀剃得很干净的那种，说起和尚头不由得想起晚清的一个奇人——兴办义学的武训。小时候，武训就对读书表现出了强烈的渴望，无奈家里实在是太穷了，无力支付哪怕是一点点的读书费用。武训8岁时，山东各地闹大灾荒，父亲也去世了，这无疑使一家人本已困顿的生活雪上加霜。为了吸引别人的眼光，多赚点钱，武训23岁时剃成了和尚头，只在额角上留一块短发，这也是他兴学的标记。有人问他为什么这样，他唱着说：“左边剃，右边留，修个义学不犯愁；左边留，右边剃，修个义学不费力。”以这种自虐的方式博取大家的好奇，换得一点点赏钱，积少成多来兴办教育，也成为一段佳话。

男子的发型与他是哪个国家的人没有关系，却与人的头型、长相、气质关系较大。比如艺术家喜欢留长发，能够彰显其艺术气质和超强气场，当然很好，但有的腹中空空的人也披个长发，看上去好像很艺术，也许是内涵气质不到位，倒显得有点不伦不类，或邪魅，或油腻……与其这样倒不如短发来得利索和清爽。

民国时期有人作竹枝词，“胡须‘威廉’头‘拿破’，文明模样仿西洋”，可以看出当时不少人追求西洋时尚，不少人蓄“威廉”式胡子，做“拿破仑”或“华盛顿”式的发型。后来，一些留学美国的人，发型更为大胆随意，也更帅气逼人。民国时期，男士的发型大抵还是以短发为主，靠模仿西洋人，装绅士派头，终究装不像，人世间的事情，一切还得从自身的实际出发，顺其自然才好。

髻盘委堕鬓如云

——女子发型

民国是一个很有传奇性的时代，男子的发型有了各种变化，而女子的发型更显得多姿多彩、变化多端了。头发，作为身体的重要组成部分，最直观地体现了女性随着社会文化和个体观念的改变而发生变化。民国初年曾经有人写过一首竹枝词：“髻盘委堕鬓如云，窄袖蛮靴衬布裙。妆束工趋时世样，女儿还喜演英文”，说的就是那个时代

▲ 1918 年浙江杭州的一位少女，其发型始现异于传统之样式

▲ 清末洋务运动代表人物盛宣怀的三个漂亮孙女的发型

的美女既有传统的内敛，又勇于追逐时尚潮流，衣香鬓影，成为一道令人惊叹的美丽风景。

20世纪20年代上海的时尚杂志曾有一篇《妇女发髻观》的文章，详细介绍了当时不同身份的妇女分别梳何种发髻。例如：长心髻，双心髻，取夫妇同心的意思，多见于旧式家庭；辫子髻，以辫子圈成，学校女学生梳者最多；爱丝髻，形似西文S，为新式妇女所梳；螺蛳髻，形如螺蛳，光滑盘旋，少妇婢妾等梳之居多；绞丝髻，形似绞丝，有长圆两种，所见皆社会中层以下之人。

清末民初女子发型的习俗，一般是少女时代，豆蔻年华，以梳长辫为多，成年妇女挽发髻，束发结簪表示已为人妇，标志处女生涯的结束，汉语里“结束”一词大概是这么来的。可是，当女子剪短发成为了进步的象征，情况就大变了。1919年，北京《晨报》刊登文章

《论妇女们应该剪头发》说：“女人比男人不自由的地方是因为女人受了头发的束缚……男女平权，剪发不应是男人特有的权柄，男人所作的事女人没有不能的。”一时间，街上剪短发的女子，犹如过江之鲫。最早由进步女青年兴起的“革命头”，有两种发式：偏分式和中分式，据说张学良的第二位妻子赵四小姐也曾在社交场合以英姿飒爽的短发造型示人。

到了新文化运动的前夜，新女性剪短发，成为一种潮流，剪发便成了她们从家庭走向社会，从闺阁走入公共领域，摆脱桎梏，争取女性个体教育、经济、社交、婚恋等权利的首要步骤之一。近代女性剪发运动形成了社会潮流，被视为“进步、自由与革命”的象征。女子身体的革命也要“从头做起”，于是这种短发发型，也称“进步女学生发式”，或“五四青年头”，流行于思想比较开放的女学生中，以显示女性与旧时代决裂，拥抱新时代的独立自主个性。

1921年7月8日，北洋政府四川督军刘存厚在成都发布《严禁妇女再剪发》告示。有点要走回头路的架势，当此关头，还是文化青年的巴金等人，就在他们所办的《半月》刊发《女子剪发与警厅》《禁止女子剪发的谬误》等文章，对警厅“告示”首先发难，句句在理地批驳了警厅的“告示”。《半月》刊物由此遭到查封，但他们还是不屈不挠地与当局斗争，继而办起了《警群》月刊。女子剪发的风波，最终以当局的不了了之而平息。

女子的发型，随着流行而不断变化。民国初年，妇女挽髻发型也

▲ 民国女子“一撮式”刘海发式，尽显娴静气质

▲ 民国女子发型

▲ 民国时期妇女的发型已经自由多了，是冲破陈旧观念束缚的结果

很时尚，乃一帮大户人家少奶奶常梳的发型。这种发型也是对明清以来江南妇女梳“牡丹头”习俗的传承。辛亥革命以后，时兴女子剪发，复杂的髻式发型逐渐淡出人们的视野。民国初年的女性还时兴过留一缕头发于额上，俗称“前刘海儿”。这一绺短发的不同变化，还在一个不太长的流行时期中，经历了自一字式、垂钓式、燕尾式直至满天星式的演变过程。因此还被冠之为“美人髦”。远远看去若有若无，名叫“满天星”。女子剪发以后，一般多用缎带束发，也有用珠翠宝石做成各种发箍套在头发上的。

大约是20世纪30年代的时候，烫发流传到中国。当时大城市的女子，发饰大都模仿西式，什么“手推波浪纹发式”“浪漫长卷发式”“鬓燕尾式发式”……上海《良友》画报及其他杂志画报都大量刊登了女子烫发照片，如“梁赛珍赛珠姊妹之烫发式”“胡蝶女士之发式”“上海中西女校陆佩宝女士之发式”，在当时的上海滩都极为流行，直教人眼花缭乱，目不暇接。

▲ 20 世纪 30 年代浙江桐庐富春江畔的浣衣女，粗长辫子，令人联想到作家郁达夫笔下的桐严嫂

少女淡妆梳辫秀

——辫子姑娘

一个美丽的维吾尔族故事，说的是天上一个梳着辫发的天鹅女将毯子向地上轻轻一放，那毯子徐徐飞了起来。飞出王宫，接着天空中一声惊响，毯子变成无数个彩色斑点，飘飘扬扬地落在地面上。这时，大地上出现了奇观：沙漠国变成了绿洲与花园。打那时起，人间就有了葡萄。以后，住在这里的人们为了纪念天鹅姑娘给他们带来的幸福，就照天鹅姑娘的打扮，给姑娘们一岁梳一个小辫，这则神话传说，也就是所谓“维吾尔姑娘辫子多”的来历。

其实，神话毕竟是神话，随着人类审美意识的觉醒，从新石器时代起，人们开始梳理散乱的头发，有的割断长发；有的以发箍束发；也有人则编发成辫。在新石器时代出土的彩陶盆上，绘有众人携手踏歌的场面，在每一个人的头顶，都下垂有一条辫发，好像是在诉说着

▲ 20 世纪 30 年代，一位长辫女子的背影，辫子又粗又长

女子梳辫发的久远历史。古人梳理不同的辫发，不仅用来表示美丽，还常常作为区分少女、成年女子及已婚妇女的标记。

先秦以后传下来的成年礼仪，男子加冠，女子加笄，一般女子未出嫁时梳辫子，临出嫁时才把头发拢上去结成发髻，叫作“上头”，上头之后的女子也是成年的标志。1925年，在上海工作的英国人威廉·阿姆斯特朗，利用业余时间来太湖流域的乡下旅游。从他拍摄的照片看，那时几个年轻的姑娘正在去往庄稼地的路上。从背影看，都留着又粗又长的辫子。她们穿着宽大的土布上衣，留着一条独辫子，说明这种打扮当时在未婚少女中很是流行。

按照成年礼仪，江南女子梳辫子，有不同的时间节点，一般在幼女期间，母亲在女孩头顶中央用羊毛红头绳简单地扎一个冲天辫，也有的给女孩两个鬓角各扎一个羊角辫，在江浙一带，甚至对宝贝的男孩，也有在小男孩的后脑勺上留发，扎个雀尾辫。一直到5周岁、6周岁或者10周岁的生日当天剪掉，其寓意就是孩子被“小辫子”拴住，病魔抢不去，好养活，能健康顺利地长大。

女孩逐渐长大，梳理的辫子也会复杂一些。后脑勺的独辫，也渐渐地从头部一路向臀部延伸，变得越来越长，此时大部分女子就自己给自己编起了麻花辫，辫梢仍是用红头绳扎起来。电影《白毛女》里贫苦的农民杨白劳给他的女儿喜儿扎辫子，还伴有这样的歌词：“人

▲ 20 世纪 30 年代，女飞行员李霞卿的麻花辫照

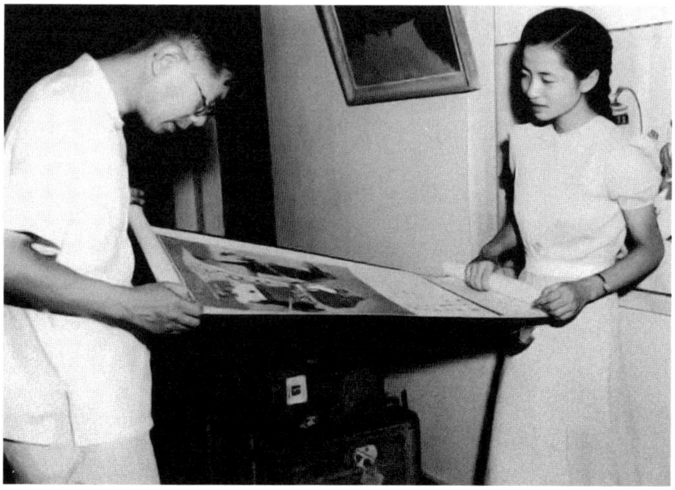

▲ 20 世纪 40 年代，一位画家与他梳辫子的女儿一同端详展开的图画

▲ 1949 年 4 月渡江战役中奋力摇橹的大辫子姑娘颜红英“我送亲人过大江”

家闺女有花戴，你爹我钱少不能买，扯上二尺红头绳，给我喜儿扎起来……”现代样板戏《红灯记》里的铁路工人之女李铁梅，也是梳着一条长长的辫子。不要小看了这个细节，在民国时期，一条长长的辫子常常会给女孩子增加不少美丽的元素。

1949年4月22日，正是百万雄师过大江的关键时刻，新华社高级记者邹健东在江苏省扬中市夹江岸边抓拍了一张照片，题目是《我送亲人过大江》，现珍藏于中国人民革命军事博物馆。当时，为了支持大军渡江，江苏泰州地区仅木船就提供了11 000多艘、50 000余名船工踊跃支前。也正是这次战役中，“大辫子姑娘”颜红英冒着飞机轰炸和枪林弹雨，奋不顾身运送59师官兵强渡长江的英雄事迹，被定格成“我送亲人过大江”的经典照片。只有十六七岁的小姑娘，她背后的大辫子以及奋力摇橹留下的背影，成了最美的一瞬间。

辫子发型曾经与民国服饰相得益彰，在那个年代，未出嫁的女子梳辫子很普遍，即使有的已经成家生儿育女的女子，也留着两条大辫子。至于现在流行的各种辫子发型，不过是当代美发从业者的“文创”而已，在民国文献中，鲜有记载。

早些年，听到一首名为《小芳》的流行歌曲：“村里有个姑娘叫小芳，长得好看又善良；一双美丽的大眼睛，辫子粗又长……”在歌厅播放的MTV画面上，“小芳”浓密而乌亮的秀发中分梳成两根麻花辫，辫尾系着用各色发带绑成的蝴蝶结，额前再留层蓬松纤薄刘海。流行歌曲末一句点缀了“辫子姑娘”的美丽，如同淡淡的菊花，清香迷人。进入工业社会后，女子难免要和各种机器打交道，长辫子很难适应新时代的作业方式，甚至容易引发安全事故，最终只能慢慢地消失了。

短发蓬蓬不着钗

——女子烫发

根据有关志书介绍，晚清以来上海的理发店尚不成气候，最早开设都叫“剃头店”，如清光绪二年（1876）江苏丹徒人朱启鹤在虹口武昌路424号开设一家“升发剃头店”。光绪四年，戚财福在长治路203号开设“戚合记”剃头店，这是中国人在上海较早开设的理发店的雏形。直到光绪十三年，有三位法国侨民在南京路19号开设“巴黎沙龙”理发店。至此，上海才出现具有现代意义的理发店。

剪辫风潮兴起，男子普遍剪辫留发，随着男女平等的思潮深入人

▲ 中国早期影星杨耐梅烫时髦卷发

▲ 20 世纪 30 年代手执羽毛扇的民国女子，容貌秀丽，烫着长波浪发型

▲ 20 世纪 30 年代烫发、穿精致旗袍的女学生

心，原先的“剃头店”“剃头摊”都纷纷改为理发店，一时上海理发店兴起，为了争夺生意，许多理发店也开设女宾部，增加女子剪发业务。20年代初，欧洲流行的烫发技术，传入上海理发店，1922年4月8日《申报》就刊登了广告：“上海新开新源理发所：开设四川路宁波路口朝北洋房内，有新式电气烫发，宽大安乐椅子九位，一切俱全净洁卫生，应待周到，择吉于三月十一日开张，如蒙诸君赐顾，不胜优待，本主人告白。”1923年5月14日《申报》刊登一则电器广告：“烫发器，式样人见人爱，应用尤极便利，且可省去各种燃料之费，目今蓬松梳髻时行，妇女不可不备……”这也许是上海较早烫发的文字记载。20年代末有佚名作竹枝词，提到女子烫发流行的情景：“短发蓬蓬不着钗，身披毛帕逛通街”，很形象地展现了那时的新气象。

据说，埃及是世界上发明烫发最早的地方。那时，妇女把头发卷在小木棒上，涂上含有大量硼砂的碱性泥，在日光下晒干，然后把泥洗掉，头发便出现美丽的涡卷，这是古代流传下来的卷发习俗。近代的烫发技术则更为先进。1906年有个叫卡尔·内斯勒的德国人，他试制成功世界第一台烫发机，通过物理和化学的方法，改变头发形状，其后发展出包括电钳烫、化学烫、负离子烫和生物烫等一系列令人眼花缭乱的烫发技术。

早期烫发使用火钳烫，用烫发钳加热后将直头发烫成波浪形或卷曲形。中国理发师很快掌握这项烫发技术，在市场上逐步推广。此后，较为先进的电烫技术也很快得到普及。到30年代，电影业的发展，大大推动了女子烫发时尚的发展。当年的报纸杂志上经常可以看到电影女明星烫发的花边新闻。30年代初，上海《玲珑》《时事新画》等各类画报上就刊登有不少烫发女子的照片。杂志上的女明星引领时尚发型，反映了当时沪上女子烫发服务业已走向成熟。

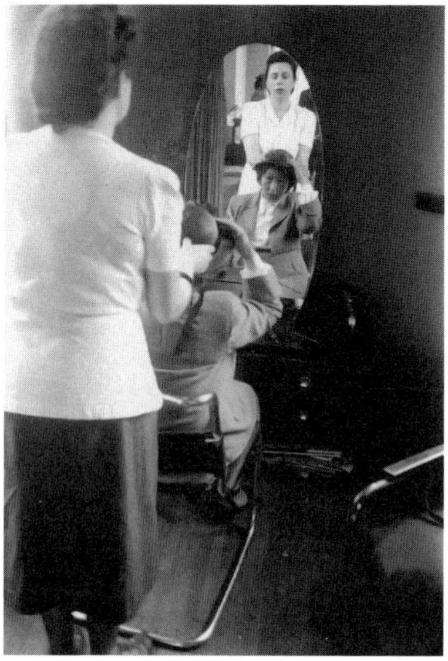

▲ 1948 年，上海专门为女子烫发的理发美容店

▲ 民国时期黑丝手套烫发美女半身照

1931年，意大利侨民首先在南京路49号二楼开办理发学校，由外国技师传授烫发和水纹卷（扁圈）、理发、按摩技术，举办各种烫发及美发美容技术公开教学活动。为适应逐步大众化的市场需求，普通市民时常光顾的中、低档理发店也开始增设美发烫发服务项目，烫发行业竞争日益激烈。据统计，30年代，上海理发业理发店已发展到2 000多家，其中高级理发店有200家之多，已具有相当规模。

1934年，南京国民政府推出了“新生活运动”，涉及具体生活行为作风的有：禁止行路吸烟，衣冠必须整齐，取缔妇女烫发，提倡使用国货等。1935年1月，国民政府发出通电，“禁妇女烫发，以重卫生”。紧接着又下达《关于禁止妇女剪发烫发及禁止军人与无发髻女子结婚》的命令。好像女子烫发，就成了不守妇道的标签，这显然是没有道理的。在社会各界的反对之下，在领时尚风气之先的上海，取缔妇女烫发渐成一纸空文。在以后的官方文件及新闻报道中，很少再提及取缔妇女烫发的话题，妇女烫发的现象并没有销声匿迹，南京国民政府的禁令也就不了了之了。

1937年，全民族抗日战争爆发后，百业萧条，也打断了女子烫发的热潮，“不烫发”成为一种爱国姿态。直到1945年抗日战争胜利后，理发烫发行业才有所复苏。或长或短，各式卷曲的美发，再度成为上海女性追求的目标。

云髻罢梳还对镜

——梳头娘姨

吴方言“娘姨”是旧时上海对女佣与保姆的称呼，清末《海上花列传》第二回：“只见一个半老娘姨，一手提水铫子，一手托两盒烟

▲ 清末梳头女为年轻女主人梳头情景

▲ 清末一个老奶奶在给镜子前的少女梳头

▲ 清末梳头女正在为一个富家女子梳头打扮

膏……蹭上楼来。”鲁迅《且介亭文集·阿金》：“她是一个女仆，上海人叫娘姨，外国人叫阿妈。”梳头娘姨，顾名思义，便是专门帮人“梳头盘发”的一种行当，也叫“梳头佣人”或“梳头老妈子”。

古人将头发看得很重，称为“青丝”，意思是黑头发。李白《将进酒》诗：“君不见，高堂明镜悲白发，朝如青丝暮成雪。”明陈汝元《金莲记·捷报》：“殢红颜凄楚风尘，挽青丝齠龀年华。”近代作家苏曼殊《为调筝人绘像》诗之二：“淡扫蛾眉朝画师，同心华髻结青丝。”周而复《上海的早晨》第四部五十：“如同少妇的青丝随风飘扬，散发出一股沁人肺腑的清香。”《西厢记》里面说“枉蠢了他梳云掠月”。《举案齐眉》里说“懒设设梳云掠月”，这“梳云掠月”就是指女性梳妆，“云”意指发髻之形，“月”则比喻女性的容貌。既然是属于个人隐私一类，“身体发肤，受之父母”，头部往往被视为人体最高贵、最神圣的部位。梳头娘姨既动头又动发，富家大户有钱人家的小姐，对于梳头佣人的挑选是非常严格的，一般都是由随身丫头为女主人梳妆打扮。

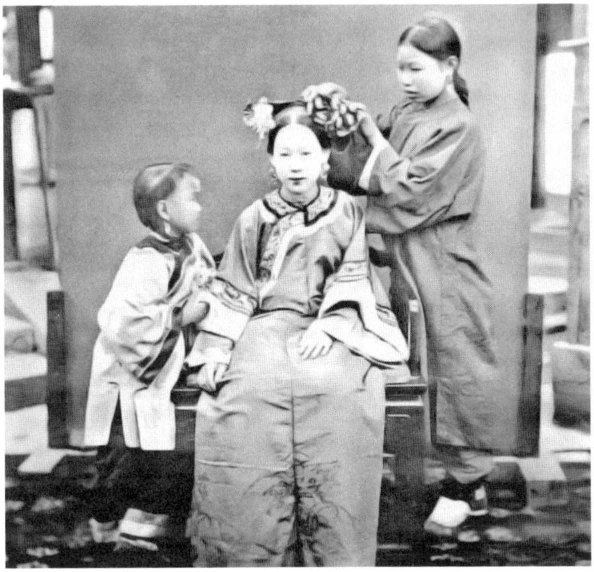

▲ 清末一位大户人家的夫人，旁边梳头女正在为她梳妆

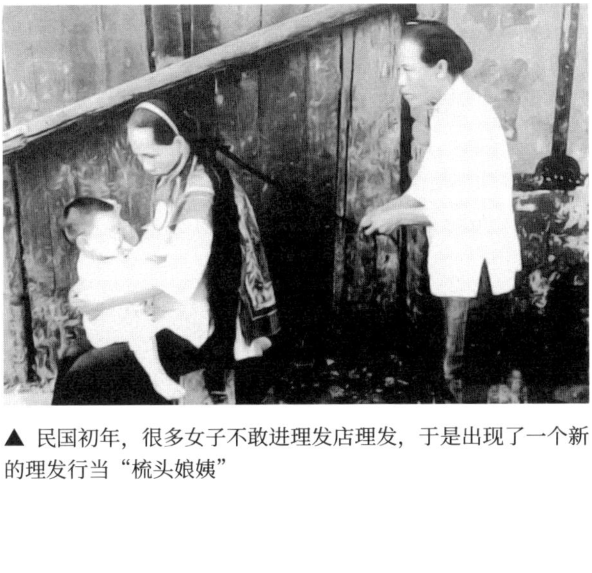

▲ 民国初年，很多女子不敢进理发店理发，于是出现了一个新的理发行当“梳头娘姨”

唐代诗人薛逢《宫词》云：“十二楼中尽晓妆，望仙楼上望君王。锁衔金兽连环冷，水滴铜龙昼漏长。云髻罢梳还对镜，罗衣欲换更添香。遥窥正殿帘开处，袍袴宫人扫御床”，活灵活现地描述了宫中女子梳妆的情态。“云髻罢梳还对镜”，意指看着梳理好的发髻，又反复对着镜子仔细地端量着，说明古代女性对待妆容梳理的重视。

爱美之心，人皆有之，梳妆打扮也是古往今来众多爱美女性的一门必修课。到了近代，人们追求一种多样化的审美与时尚，有需求就有市场，一种以梳头为生的职业就应运而生。世风提倡破旧立新，然而，依然有很多中老年女性群体钟情于梳妆盘发。女人若是上了年纪，光靠自己难以梳理出美观的发型来，普通人家也没有专职的梳头佣人，总是女性之间相互梳理。不要小觑发型样式，它既代表女性的形象，也是一个家族或一个家庭的名誉声望与社会地位的标志。为此，大户人家的女主人、官宦人家的家主婆，都会专门雇佣“梳头娘姨”来为自己梳妆，隔三差五地找她们上门为自己梳头盘发。

“梳头娘姨”或是专职的“梳妆”能手，除了有令主家称心的梳头技艺外，还要足够聪明伶俐，能洞察主人心情，能说会道、温文柔顺而成为豪门女眷心中寂寞与闺怨的倾诉对象，由此颇受主家的赏识与信任，当然，最重要的是梳头女品行的端正。清末徐珂《清稗类钞》云：“梳头妈，梳头妇人，衣饰极华丽，年约二十，出入大家，家主多私之也。”专职的“梳头娘姨”，长期在官宦或有钱人家帮佣，有专门的薪水；另一种类似“计件”的“走梳头”，这类梳头娘姨在指定时间内为雇主梳头盘发，要忙着赶场子的。包天笑《钏影楼回忆录》写道：“当时上海有一种女佣，每晨约定到人家来给太太小姐们梳头的，上海称之为‘走梳头’。”走梳头的娘姨，手艺娴熟，花样多，梳发新，很受欢迎。《沪谚外编·梳头佣》所记：“梳头佣，手段工，替人梳头真玲珑。又光又快又时路，梳好西家又梳东，中国妇女真懒惰，说起梳头暗叹苦。自家的头梳不光，枉生一双好手儿。”讲的就是这种流动的“梳头娘姨”的生计。

梳头娘姨通常手提一个小包或者木箱子，里面装有篦箕、木梳，还有一种用榆木刨花浸泡出来的黏稠液体，被称为刨花水，是天然的定型剂。在当今许多洗发液、啫喱水之类问世前，女子梳头时用的是一种刨花水。梳毕用此水抿头后，头发溜光水滑，而且发型稳定，还隐隐散发着一种植物的天然幽香。由于刨花水价廉物美，所以深得爱美女子的欢迎。以梳篸发，任青丝变白发，时间带走了青春容颜，却留住了美好，这是属于梳妆的美。

▲ 1942 年，上海两个穿着旗袍的女性在橱窗前挑选包袋

做得荷包各式殊

——包袋谈往

清代的女子，即使是一般人家的女子，要出门的话，一般是带个包袱，就是用一块布头或什么帕子，把随身携带的物品包起来。但到了清末，特别是民国之后，已经流行妇女上街手携皮包袋的习俗，袋子里装的东西，以美容品、梳理工具为多，如小木梳、小镜子、香粉纸、胭脂盒、口红一类，有时候还会戴上丝巾，再带上心上人的小照等。民国时期的上海、南京等地，上流社会的女性已经挎起了手提包，并且最贵重的包是鳄鱼皮制作的。鳄鱼皮在皮料中属于高档皮，皮色光亮，花纹别致，色彩黑黄相间也很高雅，可以衬托女子身份的高雅。到20世纪40年代，鳄鱼皮包几乎都是从海外进口的，价格不菲，能买得起的人可不多。

▲ 民国时期提着包袋的女性

▲ 民国时期衣着讲究、夹着手包的女子与一位老妇人在一起

那么，这个包袋是如何起源的？古代中国人的包袋，起初称为“囊”，又叫“荷囊”，荷者，负荷；囊者，袋也，所谓“囊中取物”者也。古人衣服没有口袋，一些必须随身携带的物品（如毛巾、印章及钱币等），只能贮放在这种袋里，在使用时既可手提，又可肩背，所以也称“持囊”或称“挈囊”。要是觉得老是提着或是背着，总有些不便，还出现了挂在腰间的荷囊，谓之“旁囊”，就是日后荷包的滥觞，《北堂书钞》卷一三六引《曹瞒传》：“（曹）操性佻易，自佩小囊，以盛毛巾细物。”《晋书·邓攸传》记载：“邓攸梦行水边，见一女子，猛兽自后断其囊。”这是魏晋南北朝之前的事情。

到隋唐时期，人们配囊日渐普遍，一方面是制作材料和图案日益进步；另一方面是囊的形状也出现了圆形、椭圆形、桃形、如意形、石榴形等，装饰意味渐浓。唐张鹭所撰《朝野佥载》记载：“上元年中，令九品以上佩刀砺等袋，彩为鱼形，结帛作之，取鱼之象，强之兆也。”配囊的功能属性也凸显了品级意识。《隋书·礼仪志六》：“囊，二品以上金缕，三品金银缕，四品银缕，五品、六品彩缕，七、八、九品彩缕，兽爪。官无印绶者，并不合佩囊及爪。”

正式的“荷包”出现在宋代。《通俗编·服饰》说：“今名小夹囊曰荷包，亦得缀袍外以见尊上，或者即因于紫荷？”这是将宋代紫荷疑为荷包。在元杂剧及明清笔记小说中常常出现的荷包，实际上就是古代的荷囊、旁囊及囊。明清时期，荷包的发展更是趋向了多元化和平民化，江南是很讲究绣艺的地方，寻常人家女子，为情郎或丈夫精心绣出各种扇袋荷包，通常以丝织物做成，上施彩绣。一作收纳之袋，二作衣裳之饰，三作礼赠之品，四作传情之物。民国年间汤用彬、陈声聪、彭一卣合编《旧都文物略》记：“荷包巷所卖官样九件，压金刺锦，花样万千”，说的是民国时期荷包款式的丰富，据说最初是男子用来盛放烟叶的，后来大家觉得美观，于是争相仿效。故民国时期有竹枝词云：“为盛烟叶淡巴菰，做得荷包各式殊。未识何人传妙制，家家依样画葫芦。”

而与我国荷包差不多同时发展的则有西方人的手袋。16世纪初，当时欧洲的皇室贵族流行举办舞会，出席宴会的贵夫人及名媛，随身携带胭脂和口红，便请裁缝为她们制作一只只精致的小口袋，小巧玲珑，挂在手腕上，然而，薄薄的裙下悬挂一个重袋子也不是很雅观，慢慢地各种包袋成为时装配件，也成为女士们衣着佩饰的有机组成部分。20世纪初，各种新物件也相继出现在中国的市场，除了款式众多的手提包袋，还有专放烟丝的烟袋、与扇子配套的扇囊，与挂表一起出现的表帕……

民国妇女生活方式的改变，逐步摆脱了传统妇女在家相夫教子的约束，开始走向社会，参与各种社交活动，佩戴一个时尚的包袋，成为司空见惯的流行物品，30年代好莱坞电影的影响，也让中国观众为时尚流行物件所吸引，包袋有了更多的选择和实用价值。40年代，鳄鱼皮都是从东南亚进口的，价格昂贵，相当于普通人家半年的开销，能买得起的人可不多。但到上海永安公司的柜台上看看，买的人依然不在少数。

▲ 1939 年，一位手执皮包的女子

▲ 1948 年，一位夹着皮包、发型时尚的女子

▲ 晚清穿着布鞋、拄着手杖的盲人

▲ 民国上海南京路福州路一带丝绸街，售卖布袜、布鞋和丝绸布的商铺云集，可见协大祥、广大袜厂等老字号

布袜青鞋为长吏

——青鞋布袜

说起鞋袜，古人对其合起来有一统称，叫“足衣”。鞋，古代称“履”，又称“舄”。后来逐渐有了区分，单底的称履，复底的称舄，舄一般在底下再加木板，可走湿地。随着人类社会的发展，鞋子也开始出现更加细致的制作和装饰，既是用品，也是一种独特的文化符号。

清代郑板桥曾经写过一首《范县呈姚太守》的诗：“布袜青鞋为长吏，白榆青杏种春城。几回大府来相问，陇上闲眠看耦耕”，意思是，穿着平常的普通衣服鞋袜做着范县知县，在春天的时候栽下榆树

▲ 1933 年杭州九溪风景区脚穿布鞋的美少女

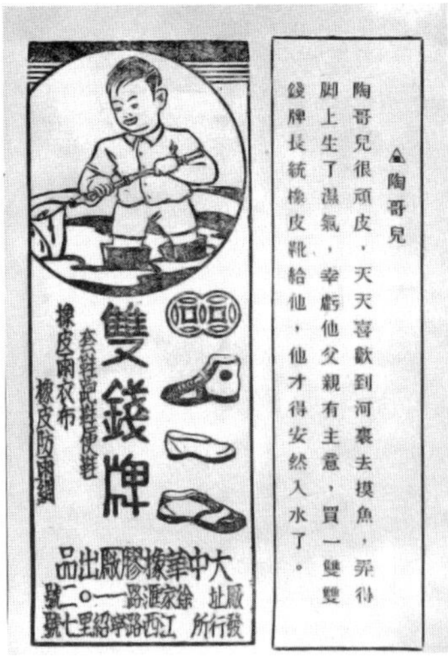

▲ 20 世纪 40 年代，上海大中华橡胶厂在报刊上刊登的“双钱牌”鞋广告

▲ 老妈妈自己做的老布鞋，慈母情，游子泪

和杏树。几次太守来看望我的时候，我都悠闲地在地头一边看农民耕种一边休息。字里行间表现了诗人的率真，也点出了普通民众鞋袜的特色。

在古代，由于官员和士人们对鞋子品质和款式的追求，许多专业的鞋子店铺开始出现。据记载，宋代苏州即有“履源公所”，上海是我国最早制作皮鞋的地方。据史书记载，明万历年间，就有手工艺人用皮制鞋设摊出售。清乾隆三十五年（1770），以杨姓为首的十八名皮匠被征调到上海川沙高行藩所，为兵勇制作钉鞋和修补靴鞋。事后，这些皮匠自愿留居当地操持本行，世代相传，沿袭至今，皮匠杨家宅就此远近闻名。

1843年上海开埠，制鞋能手沈炳根筹资，在上海永安街，开设了我国第一家现代皮鞋工场——前店后工场的“沈记皮鞋店”作坊。不久，各地皮鞋店如雨后春笋，竞相面市，如1890年方启泰开设的泰昌皮鞋店，1906年徐天源在四川北路横浜桥附近开设的大兴皮鞋店等。20世纪初，外商在上海纷纷开设洋行。当时有外商惠罗、福利、惠司等公司都兼设皮鞋部，但经营的皮鞋主要从国外进口，供应给外籍侨民、外轮海员等人士。1917年，上海第一家民族资本的皮鞋店——中华皮鞋店在申城亮相，这是国人自筹资金在上海开设的第一家初具规模的皮鞋店，后称“中华皮鞋总公司”，总店设在南京东路340号。当时永安公司在经营百货的同时，也腾出场地设立鞋帽部，率先开始经销各式男女皮鞋，还设专柜营销英国皮鞋——K靴，因此上海人一直有“老K皮鞋”的说法。

1930年，鹤鸣皮鞋店闪亮登场，其利用广播电台等新闻媒体做广告，顿时门庭若市。皮鞋生产曾经形成诸多流派，有“浦东帮”“丹阳帮”“苏北帮”等。上海的皮鞋匠人也曾赴异地创业，如在南京花牌楼一带开设多家前店后工场的皮鞋店，称为“上海帮”；在武汉开设“永昌祥皮鞋店”以及龙兴、隆泰、复兴、永生祥等皮鞋店。由此可见，上海的制鞋技术早已开始向我国内地辐射。

上海除开设有专门的布鞋店坊外，还有大量的个体蹚鞋匠，俗称“小皮匠”。他们中有的是固定摊位，有的则走街串巷，流动作业，既为城镇居民“蹚”新鞋，又兼做修补旧鞋的活计。由于他们手艺到位，收费便宜，因此很受社会大众欢迎。

由于经济水平限制，制作成本低廉的布鞋格外受到普通消费者的欢迎。男鞋有圆口、方口、松紧口，鞋帮以贡呢为主。女鞋有杂色灯芯绒面和蝶花面等，十分流行。一般贫苦的平民，大抵是自己做布鞋，不过那可是费时费力的浩大工程，要经历打鞋样、打浆糊、打袼褙、剪鞋样、搓麻线、纳鞋底……年复一年重复着这些繁杂辛苦的过程。就是新中国成立后，上海弄堂里，每逢入冬暖阳，还是可以看见三五阿姨好婆聚在一起，一边孵太阳纳鞋底，一边拉家常，其乐融融，堪称弄堂里的一道风景。

古代袜子一般是用布帛、熟皮缝制的。穿袜时一般要用带子系住。那所谓丝袜、罗袜也是剪裁丝织品后缝制的，不是织的。民国时期已经出现了规模可观的针织袜厂，但还是以使用手摇袜机的小厂为多，厂房等往往仅需要租赁小屋一所，能容纳数名工人即可成厂开工，手工织袜厂宁愿选择价格只有十几元的手摇袜机，而且农村存在大量廉价的剩余劳动力，只需要筹集微薄的资金，就能建厂，何乐而不为。1918年，浦东南汇地区小型袜厂有数百家，各乡各镇，街头巷尾，村庄宅院，袜厂随处可见，机声相闻，盛极一时。

▲ 20 世纪 30 年代，上海一位穿旗袍女子坐在梳妆台前对着镜子化妆

倾瓶香水浑身洒
——化妆用品

古人的化妆方式称为“花子”“面花”“贴花”，是贴在眉间和脸上的一种小装饰，这种东西也叫“花钿”，贴花钿成风是在唐朝。宋高承《事物纪原》引《杂五行书》说：南朝“宋武帝女寿阳公主，人日卧于含章殿檐下，梅花落额上，成五出花，拂之不去，经三日洗之乃落，宫女奇其异，竞效之”。因故称之为“梅花妆”或“寿阳妆”。古时候做花钿的材料十分丰富，有用金箔剪裁成的，还有用纸、鱼鳞、茶油花饼做成的，最有意思的是，蜻蜓翅膀也能用来做花钿。如宋陶穀所撰《清异录》曰：“后唐宫人或网获蜻蜓，爱其翠

薄，遂以描金笔涂翅，作小折枝花子。”可见古时妇女的化妆方式不仅丰富，而且别出心裁，不拘一格，十分美妙新颖。

古代称口红为“口脂”“唇脂”。口脂朱赤色，涂在嘴唇上，可以增加口唇的鲜艳，给人健康、年轻、充满活力的印象，所以自古以来就受到女性的喜爱。《唐书·百官志》记载：“腊日献口脂、面脂、头膏及衣香囊，赐北门学士，口脂盛以碧缕牙筒。”这里写到用雕花象牙筒来盛口脂，可见口脂在诸多化妆品中有着多么珍贵的地位。中国习惯以女人嘴小为美，即所谓“樱桃小口一点点”，岑参《醉戏窦子美人》诗中也曰：“朱唇一点桃花殷。”

古代妇女的略施粉黛就是搽粉，古色古香的说法叫“傅粉”，这也是最普遍的化妆方式之一。李渔认为，当时妇女搽粉“大有趋炎附势之态，美者用之，愈增其美”。当然，画眉也是中国最流行、最常见的一种化妆方法，产生于战国时期。屈原《楚辞·大招》记载：

▲ 1931 年，百雀羚护肤品在上海诞生，图为大幅广告

“粉白黛黑，施芳泽只。”“黛黑”指的就是用黑色画眉。《中华古今注》中说杨贵妃“作白妆黑眉”，当时的人将此认作新的化妆方式，称其为“新妆”。徐凝有诗：“一日新妆抛旧样，六宫争画黑烟眉。”唐代女子画眉的形式多姿多彩，名见经传的就有10种眉：鸳鸯眉、小山眉、五眉、三峰眉、垂珠眉、月眉、分梢眉、涵烟眉、拂烟眉、倒晕眉。光是画眉毛就有这么多名堂，可见古人爱美之心的浓厚。

▲ 20世纪30年代，一位女子晨起对镜理妆图，为新三星花露香水做推介

▲ 民国时期的女服装设计师，她的这个妆是当时非常流行的细眉

晚清贵妇涂口红主要涂中间一部分，呈现出“樱桃小嘴”的美感。上海开埠后，援引条约，洋人开始创办贸易性质的洋行，以此向中国输入商品，其中就包括西式化妆品。开埠初期，上海化妆品的输入主要以法国为主。后来英美等国的洋行也相继跟进，从《申报》刊登的广告来看，19世纪晚期以后，除了洋行外，各国在上海所开设的药房，如英国的屈臣氏大药房、老德记药房，德国的科发药房，美国的安宁药局等。这些药房除了经营西药外，往往兼营化妆品，如屈臣氏大药房所监制的洋胭脂粉、淡红玫瑰叶干粉、花露香粉、檀香油、花露油、桂花香味红口唇膏、玫瑰香油膏等。有一首竹枝词这样描绘香水的流行：“云髻新编脑后拖，时新衣服剪纱罗。倾瓶香水浑身洒，风送芳香扑鼻过。”著名的广生行是由广东南海（今广州）人冯福田于1898年在香港所创建。1903年，冯福田在上海昭通路设立了广生行上海发行所，这便是上海家化的前身。1910年，广生行在南京路设置分行，标志着近代中国极具影响的化妆品企业在上海落地了。

工业革命给欧美诸国带来了新的化妆品，妇女开始广泛地使用。女人的细弯眉毛以及抹用鲜艳色彩化妆唇膏的流行趋势，风靡一时。电影成了妇女在服饰、发型及化妆方面的引导。40年代，女影星的发型、化妆也都由职业美容师、美发师等专业人员精心设计，一旦银

▲ 20 世纪 40 年代，上海街头白雪化妆品的广告牌

幕上出现了新的风格，成千上万的妇女就会竞相模仿。

广生行的主打品牌是双妹牌系列化妆品，生产各种香水、雪花膏类，其所出产品已基本摒弃传统制作方法，而是效仿西法，采用机器生产。因此说：“广生行之创设，吾国大规模之化妆品工业即以此为其嚆矢。”从其在《申报》上刊登的广告来看，包括有各种擦牙香粉、花露水、生发油、雪花膏、擦牙水、兰花粉、生发蜡、超等香水等，“上海士女几无人不备，新出品之艳容霜，社会上尤为欢迎，每天零卖批售，恒数百打”。1915年，广生行有限公司的双妹牌雪花膏等，获得“巴拿马世博会金奖”，一时传为美谈。

第六章

近代江南女红的演变

近代江南妇女的女红，与其他各种劳作形式相互依存，稳定着家庭经济结构的基本样态。乡村妇女手工的常态，总是由日常生计所驱动，是乡村妇女在经营属于自己和家庭的一份生活。女红在江南乡村的存在，体现了小农业与家庭手工业的紧密结合，也就是人们经常说的“男耕女织”，其中体现了家庭劳动的性别差异而出现的女红专门化，尤其适合近世以来的江南乡村。

女红，作为江南妇女传统的劳作技艺，涵盖了刺绣、纺织、缝纫等诸多方面。刺绣堪称女红中的艺术明珠，江南妇女凭借着细腻的心思和灵巧的双手，在丝绸和绸缎上绣出栩栩如生的花鸟鱼虫、人物风景，每一针每一线都倾注着她们对生活的热爱与对美的追求。这些精美的刺绣作品，不仅用于装点自家的服饰、被面、手帕等日常用品，更成为商品进入市场，为家庭带来不菲的经济收入。例如上海露香园的顾绣和苏州的刺绣作品，以其针法精细、色彩典雅而闻名遐迩，许多家庭靠制作苏绣制品维持生计，苏绣也成为江南乃至全国重要的手工艺品出口项目。

传统村落女红及其农家经济结构一直维持到晚清及民国时期，随着外国资本主义经济势力的不断冲击而渐趋解体。传统女红在近代大机器工业面前，无论是制作成本、产品质量，还是审美意象，手工艺品显然难以与机制品争锋，因为手工制作，无法与机器竞争，这是市场规律使然。任何经济人只有认可已成为事实的制度环境，投身于逐渐形成的市场体系，舍此别无他途。

当资本拥有者涉足市场时，农家在市场中的窘迫，对于支配者来说就是控制村落女红的机会。乡村妇女在市场中的步步退却与支配者的步步进逼贯穿了村落女红蜕变的全部过程。资本主义生产方式的产生离不开市场参与者的两极分化，过程是如此顺理成章，强势的资本对弱势的乡村妇女不断进行生产资料的剥夺，最终迫使其就范。脱离市场的枢纽，无法形成支配者与乡村妇女之间的对立关系。伴随着乡村妇女的被支配，江南村落女红完成了从传统向近现代的转换。

▲ 清末，上海城墙边供奉纺织革新家黄道婆的先棉祠

昼出耘田夜绩麻
——纺纱纺线

宋代居住苏州的范成大作《四时田园杂兴·其三十一》云：“昼出耘田夜绩麻，村庄儿女各当家。童孙未解供耕织，也傍桑阴学种瓜。”这首脍炙人口的诗歌，传唱千年，说的就是江南“男耕女织，安居乐业”的传统，也是农耕文化的重要内容。流传全国的“牛郎织女”传说，正是人间男耕女织生活的一种投射。江南有西施美人“浣纱女”的故事，其实西施也是一个美丽的“织女”；明王鏊《姑苏志》记载：苏州城里的嘉余坊，俗称“孙织纱巷”。相传，巷内有织纱能手孙姓女子居此。她以擅长织各类纱织品而闻名。以一个普通织女的姓氏和她所从事的行当确立巷名，也可视为“织女”声名远播的魅力体现。

元代学者陶宗仪《南村辍耕录》卷二四记载：“初无踏车，椎弓之制。率用手剖去子，线弦竹弧置案间，振掉成剂，厥功甚艰。”至于轧棉、脱籽、弹棉、纺纱，然后织布、踏布、染布、晒布等一系列程序，那就完全依靠手工操作了，方法落后，产品质劣而量少。这就不能不提到上海乌泥泾的黄道婆的故事了。

据传说，黄道婆幼年命运凄苦，初当童养媳，因不堪忍受封建家庭虐待，逃到崖州（今海南省三亚市崖州区）。她在海南岛生活了30多年，当时，岛上广植棉花，家庭多纺纱织布。黄道婆虚心向当地的黎族民众学习纺织技术。到13世纪90年代，黄道婆返回家乡。她将学习到的纺织技术与工具加以改进，制成捍、弹、纺、织等一整套生产工具，向乡亲们传授错纱配色、综线挈花等技艺。从此，原来民食不给的乌泥泾，从事棉纺织业者日众，生产技术迅速发展，并传播到全国各地。黄道婆于13世纪末去世，当地百姓泣而葬之，并为她立祠祭祀。可以说，黄道婆对江南纺织的贡献，奠定了后世机械纺织的滥觞。

▲ 晚清沿海、沿江大城市出现了不少纺织工厂，采用机器作业，生产效率高、成本低，冲击着小作坊生产

《诗经·小雅·斯干》记载：“乃生女子，载寝之地，载衣之裼，载弄之瓦。”这里的“瓦”，不是盖在屋顶上的瓦片，而是纺织用的纺锤，一种捻纱的原始工具，一般系陶制，也有石制的。旧式用棉花纺纱为家庭手工操作。纺纱的主要器具叫纺车，相当原始简陋，为手摇式，后改为脚踏式。脚式纺车的底座上，一端安有转轮，转轮中间连接一根踏杆。转轮上安有纺锭。一轮可同时转动一至三枚纺锭，从而提高劳动效率。纺纱

▲ 19 世纪 70 年代，英国摄影师镜头里的江南妇女纺织图

▲ 1911 年，江南村落边的小路旁，几名妇女正在做棉花经纱整理

为细活，最适合妇女操作。俗语中以生女为“弄瓦”，称“弄瓦之喜”。对比生儿子的“弄璋之喜”，显示出对女性的轻视，但也在一定程度上表示了对女孩长大后能在家中胜任“纺纱纺线”生活的心理寄托。

到了近代，江南的纺织工业是在外国资本势力不断侵入、中国半殖民地半封建化程度不断加深的背景下出现的。第二次鸦片战争以后，西方列强凭借《天津条约》《北京条约》，不仅继续在通商口岸大量销售洋布、洋纱，而且向中国内地渗透，行销日广。到19世纪60年代至19世纪末，外国输入中国的棉纱和棉布日渐增多。洋纱以其质优价廉很快挫败土纱，这个后果很严重，意味着手工纺纱者大量减少，手工织布者在洋布的冲击下也日渐减少，农民劳动力大量过剩，手工业者成群破产，大批原来纺纱织布以自给的人，成为纱、布的消费者，商品市场上的纱、布流通量扩大了。

洋布、洋纱的大量输入，使洋务派官僚深感不安，他们认为长此下去，必定造成财源不保，白银外流，认为只有购置机器，设立布局，才能保我利源，堵塞漏卮。为此，李鸿章积极筹建上海机器织布局，创办了中国第一家近代棉纺织企业。1888年，张之洞决定在广东创办纺织厂。不久，他由两广总督调任湖广总督，遂将纺织厂移到湖北筹创，先后建立了湖北纺织四局。

▲ 1941 年江南农村一个小女孩坐在简陋的房间里，专注地操作着纺织工具，显得质朴而简陋

近代纺织企业，采用大机器生产，代表着新的社会生产力的出现，生产变革必然引起社会变革。也意味着劳动生产率得到了很大提高。大规模的纺织生产，推动中国近代纺织产业工人和技术力量开始出现，尽管那时纺织工人深受封建制度和洋商的双重压迫和欺凌，但他们在实践中掌握了生产技术，成了技术骨干，为后来发展纺织工业奠定了人才与物质基础。

花布名多略告君

——乡村土布

明正德《松江府志》记述风俗时，写下了令上海人引以自傲的一句话："俗务纺织，他技不多，而精线绫、三绫布、漆纱方巾、剪绒毯，皆天下第一……要之，吾乡所出，皆切于实用。如绫布二物，衣被天下，虽苏杭不及也。"明清时期上海棉布冠盖全国，处于全国领先地位，以及棉布贸易的繁荣景象。相对于洋商机器织布，上海乃至江南各地的老布，是对上海郊区各镇手工棉纺织物的统称，在“男耕女织”的小农经济时代盛极一时，成为当时国民经济的一种重要社会基础。

清代上海贡生秦荣光《上海县竹枝词》说：“方胜斜文（纹）大井文，柳条芦席样纷纭。雪青骰子兼棋局，花布名多略告君。”民国元年（1912）秦荣光的弟子胡祖德整理编辑这些竹枝词时说：“文侧理者，名斜纹布。文方胜者，名正文布，亦呼斗文布。经白纬蓝者，名雪青布。经纬蓝白相间或棋局文、或骨骰文、或芦席文、或大井文，花色实繁，总名花布。以紫花织成者，名紫花布。”清初上海县人叶梦珠撰《阅世编》卷二《田产》门及卷七《食货》门中也特别提到上海县的老布，“棉花布，吾邑所产，已有三等，而松城之飞花、尤墩、眉织不与焉。上阔尖细者，曰标布，出于三林塘者为最精，周浦次之，邑城为下，俱走秦、晋、京边诸路……其较标布稍狭而长者曰中机，走湖广、江西、两广诸路，价与标布等。前朝标布盛行，官商巨贾操重资而来市者，白银动以数万计，多或数十万两，少亦以万计。以故牙行奉布商如王侯，而争布商如对垒。”正是乡村土布为代表的棉纺业，催生了上海周边星罗棋布的古镇，其实各镇对老布也有不同的叫法，如曾经有“金罗店”之称的罗店镇，所产老布称“紫花布”“斜纹布”“棋花布”；南翔镇生产的刷线布又叫“扣布”；浦东川沙、三林塘等镇则叫“标布”，“三林标布进京城”，蔚为传说；七宝镇所产棉布，似乎集“标、稀、扣”之大成，以“稀布”最为有名，人称

▲ 20 世纪 30 年代，上海民众在国货市场举办“俭约运动宣传大会”

▲ 1930 年，上海务本女中的学生身着土布制成的旗袍合影

▲ 民国时期，上海大新烟厂前聚集着一支穿本地土布的女子秧歌队

“七宝尖”，“畅销不衰，远销亚欧大陆。”明清两朝的七宝镇，为著名的“七宝尖”的集散地。老布与古镇居民生活紧密交织，难以分割。

有人将上海老布说成是“蓝印花布”，老布与蓝印花布如同一张白宣纸与一幅国画一样，老布是初步产品，而蓝印花布则是印染而成，两者是有区别的。这里还有必要说明一下，现在不少人都称上海手工织的布叫“土布”，其实问问本地老人，他们都叫“老布”，而不称为“土布”。不过，土布是针对洋布大量进入的对应叫法，既然已经广泛地叫开了，称为“土布”也无妨。

老布向来是农家自纺、自织之产品，“经白纬蓝雪青布”，纵横经纬的纹理，如同将时光织成一段段往事的承载物。农家女子从小跟着大人学纺纱、织布，女十三四岁起，就要一直织到二十来岁，能织上十几乃至几十个布缎，也是为自己备下的嫁妆；嫁为人妻，则为夫家织布添衣衫。姑娘出嫁时，谁织的布缎多、布纹花色多，就能表明谁家富足，谁家姑娘心灵手巧、勤快，老布嫁妆也成为新嫁娘贤能的象征。

▲ 全民族抗日战争时期的中国远征军，他们穿着土布军服和小草鞋走出国门，为国征战

▲ 民国时期江南一男子正在做织布前道工序的纱线整理

别看老布不起眼，专业人士分析说要经过几十道工艺，才能从棉花变成棉花条。纺纱是个技术活，要使棉条纺出的纱又匀又细，质地牢固，手指捏棉花条时的松紧、提拉时的轻重、摇动时的缓急都很有讲究，再经植物染色等，不仅底蕴十足，而且生态健康，与江南的气质一脉相承。

20世纪30年代，日本人的东洋花布在沪大量倾销，严重损害了本地农民的经济利益，于是有人挺身而出，组织农妇向名师学习新颖图案，在短期内突击织制出大量鲜艳美观的新式土布，开设土布商店，在上海南市蓬莱路国货市场举办“土布运动大会”，组织义卖活动，邀请胡蝶等十多位电影明星，穿着土布旗袍，窈窕多姿，现场示范，吸引起群众的购买欲。义卖处人头攒动，土布很快销售一空。一时，沪上名人淑女，争相以穿土布为荣，马路上，经常看到身穿土布长衫、中山装和旗袍的先生女士，有几所学校还制作土布校服，构成了上海流行一时的街头风景线。

蚕事既登田事起

——采桑养蚕

“春深争采雨前茶，立夏秤人杂笑哗。蚕事既登田事起，年年小满动三车”，这是清人张羲年的《姚江竹枝词》里的诗句。“蚕事”当然包括栽桑、采桑、养蚕、制丝的整个过程。上古时期，《史记·五帝本纪》有“黄帝居轩辕之丘，而娶于西陵之女，是为嫘祖。嫘祖为黄帝正妃，生二子，其后皆有天下……”《通鉴外纪》则论证：“西陵氏之女嫘祖为帝元妃，始教民育蚕、治丝茧以供衣服……后人祀为先蚕。”所谓先蚕，也就是蚕业祖先的意思，民间则视她为蚕神。

▲ 民国震泽的蚕农在作坊里加工处理蚕茧

▲ 1859 年意大利探险队所摄湖州当地蚕农养蚕情形

蚕神的神话最早可以追溯到远古时期。据说黄帝与蚩尤大战时，当黄帝打胜仗的时候，神人同庆，蚕神为之大欢喜，为神人敬仰的黄帝献上最好的蚕丝以表庆贺。养蚕在中国有着约5 000年的历史。江南吴地是植桑养蚕的重镇，唐代大诗人李白诗云："吴地桑叶绿，吴蚕已三眠。我家寄东鲁，谁种龟阴田？"杜甫也有诗道："幽燕盛用武，供给亦劳哉。吴门转粟帛，泛海陵蓬莱。"这些诗文都与吴地的蚕桑业有关。苏州盛泽的先蚕祠，抱柱联上至今还书写"先蚕遗教，抽丝剥茧，扬盛湖风范；后叶沐恩，绣锦织云，擅吴越声名。"古代，麻葛与织品丝绸是制衣最主要的两种材料。绫罗绸缎，不仅是富人的衣饰，还是身份的象征，历朝历代统治者没有对栽桑养蚕不重视的。

范成大写有《四时田园杂兴六十首》，这60首诗中，有十分之一与蚕桑有关。“柳花深巷午鸡声，桑叶尖新绿未成。坐睡觉来无一事，满窗晴日看蚕生”，说的是早春情景；“三旬蚕忌闭门中，邻曲都无步往踪。犹是晓晴风露下，采桑时节暂相逢”，又是晚春的情态；“小妇连宵上绢机，大耆催税急于飞。今年幸甚蚕桑熟，留得黄丝织夏衣”，则是夏天的蚕事。范成大的这些诗句，描绘了江南吴地蚕农的辛劳。“养得一季蚕，可抵半年粮”，蚕是蚕农的命根子，把蚕视作“天物”。为了祈求有个好的收成，还形成了小满之日的祈蚕节，祭祀活动搞得热热闹闹，很多地方都兴建有祠堂，供奉蚕神。

民国初仅苏州浒关一地，就有蚕种场三四十家，年销蚕种60万张，几占全国总销量的五分之一。浒关也建有苏州蚕桑专科学校，这所学校的前身，是私立上海女子蚕业学堂，清宣统年间迁来浒关，更名为江苏女子蚕业学堂。第三任校长郑辟疆于1918年履任以后，开创办学新思路，学校得到长足的发展。他在不断扩大校舍、增加班级的同时，1925年又在女蚕校南边征地、置办设备，建造实验缫丝厂，引进人才，开设丝科班，使学校走上养蚕、制丝亦农亦工之路。

近代纺织工业发端于缫丝业。1872年，华侨商人陈启源创办继昌隆缫丝厂，仿造法式双捻直辖式丝车，取名“机汽大偈”。其基本特点是使用蒸汽锅炉，把蒸汽通过蒸汽管输送到各缫丝工作台上煮茧，提高了缫丝质量和产量。1881年，上海公和永缫丝厂诞生。1887年，法国向中国订购生丝，出口增加，公和永缫丝厂的丝车由100台扩展到900台。到1894年，上海有机器缫丝厂12家，丝车4 000余台，年产丝4 400担。清光绪

▲ 民国时期苏南数名养蚕农家女子整理蚕茧的情形

▲ 民国时期湖州五位着中式服装的女子正从事蚕桑活动

▲ 民国震泽蚕农于作坊里加工蚕茧

二十一年（1895）苏州建立的苏经丝厂，是江苏省第一家使用机械动力机器缫丝的工厂，清末洋务派官员张之洞眼见当时洋商在华相继设立机器缫丝厂，为了挽回利权，于是奏请朝廷以巨款自办工厂。丝厂定名为苏经丝厂，纱厂定名苏纶纱厂，厂址原来在苏州吴门桥东面。1912年，源盛公司租营丝厂，改名为苏经源盛丝厂，维持经营。后该厂由源茂公司租营，但因经营失败停业。1927年，丝、纱两厂资产（包括土地），由股东代表盛记公司张一鹏、刘祖望、陆鸿仪等负责清理，出售给上海来苏经营的严裕棠控股的光裕营业公司，苏经丝厂从此歇业。

据不完全统计，1894年全国机器缫丝厂有120家、丝车3万多台、工人3万余人，工人总数占10余种新工业的一半。从时间上来看，机器缫丝业是近代纺织工业的先导，这也符合我国丝绸发展优势的特点。

▲ 19 世纪 80 年代，湖州七里村抽取蚕丝的女工

青丝笼带看蚕娘

——丝绸故里

清咸丰元年（1851）5月1日，首届万国博览会，即第一届世界博览会，在英国伦敦市中心海德公园内的博览馆开幕，上海商人徐荣村用南浔辑里村产的生丝参加在英国伦敦举办的首届世博会，并一举夺得金、银大奖，有份《北岭徐氏宗谱》的文本，记录了这段史实。

位于湖州市城南的“钱三漾丝绸文化交流中心”，原本是个古村落，是人类丝绸文明史上极其重要的一个古文化遗址。1956年和

1958年，考古学家对这片遗址进行了两次发掘，发现了绸片、丝带、丝线等，将这些文物拿到当时的浙江丝绸工学院、上海纺织科学研究院等权威机构切片检测，其中的绸片和丝带被确认为人工饲养的家蚕丝织物，经碳十四测定，距今已有4 400年至4 200年。这意味着，中华民族至少在4 200年前的新石器时代就掌握了养蚕织丝技术。所以，学术界对它的定论是“中国乃至世界范围内人类利用家蚕丝纺织的最早实例”。

值得一提的，最早发现钱山漾文化遗址的是慎微之先生。慎微之早年毕业于上海沪江大学，1940年赴美国宾夕法尼亚大学深造，获哲学博士学位。1934年，湖州大旱，大部分河道干涸见底，慎微之趁着暑期在距潞村二里许的钱山漾滩处，捕鱼捉虾，捡拾石器，古河道里的石器给了他灵感，撰写了《湖州钱山漾石器之发现与中国文化之起源》，发表在1936年出版的《吴越文化论丛》上，就此成为“钱山漾遗址”最早的发现者。

19世纪中叶，上海成为中国生丝的主要出口地。上海又是《南京条约》谈判中提出开放的五个通商口岸之一，这不仅因为它具有良好的交通位置，更在于它接近“辑里丝”的产地——浙江湖州南浔七里村，后者距上海外滩仅80英里的距离。中国人把七里村所产生丝

▲ 百年前农家将蚕茧浸入沸水，经抽丝剥茧，将丝线绕于脚踏缫丝车上

▲ 1936 年 6 月苏州浒墅关蚕桑女校学生实习实况

的名称，雅化为“辑里丝”，而英国人则干脆把它叫作“Shanghai silk”，也就是“上海丝”，就如同今天主要产于阳澄湖的大闸蟹，外国人不懂，都将它称为“上海蟹”一样。

“辑里丝”，以及用它们织成的丝绸，以其工艺精良，畅销全世界，通过“丝—银”对流，大量白银货币流入上海及江浙地区，并流向全国。“上海丝”的背后是太湖流域——江苏和浙江蚕丝生产的广阔腹地。海外市场对中国丝绸需求量非常大，据汪敬虞的研究，1679—1833年的155年中，中国生丝的出口量，从微不足道的8担，上升到9 920担，从19世纪40年代中期起，每年的出口量经常在5万担以上；19世纪90年代初，中国生丝出口量突破10万担。原因就在于，中国江南生产、经上海出口的生丝的工艺与品质精良。在鸦片战争前，中国生丝在国际市场上，曾经居于领先地位，并取得举世公认的成就和声誉。

这些生丝，主要来自江南太湖流域丝绸业兴盛的市镇，如浙江南浔、江苏震泽等。太湖之滨的丝绸故里震泽，如今镇上的每一座古宅、每一处古桥、每一条古弄，都流传着一段段有关蚕桑与丝绸的美丽故事与传说。在这些市镇，许多蚕娘也身兼织娘。其生产方式，多为家庭式的手工操作。丝织手工业由亦耕亦农的农家分化出来，进入城镇专门织造。北宋以来，苏州渐为全国丝绸生产和贸易中心之一。明嘉靖年间《吴邑志》记载："而东城为盛，比屋皆工织作。"朱国桢辑《皇明大事记》："苏民素无积聚，多以丝织为主。东北半城，大约机户所居。"湖州南浔，吴江震泽，都是得益于丝绸而发展繁荣起来，明末就成为一个重要的丝绸贸易市场，从事出口丝绸工业者不下万户，丝织工人数万人以上，规模不容小觑。

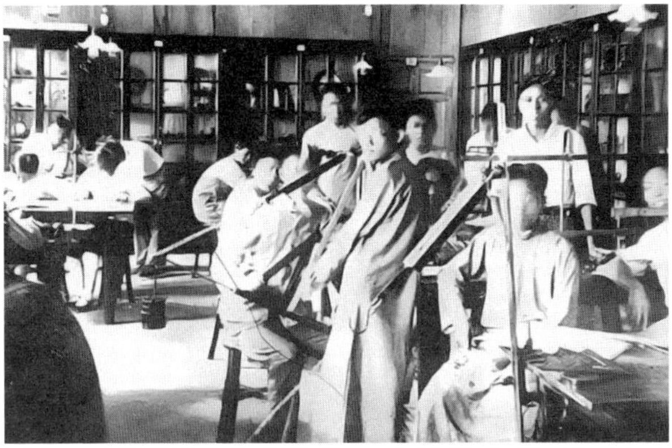

▲ 1934 年浙江大学农学院蚕桑系的学生

▲ 1940 年杭州市立中学校蚕桑科春蚕实习

而这背后，都是无数默默无闻的织女（织娘）用灵巧的双手缫丝织绸的奉献。清代张燕昌《鸳鸯湖棹歌》："青丝笼带看蚕娘，两岸人家齐采桑。缫得新丝何处卖，东新行贩北新行"，说的就是嘉兴蚕桑丝绸的景象，鸳鸯湖即如今的嘉兴南湖；清代嘉定文学家、藏书家曹仁虎《浔溪竹枝词》："红蚕上簇四眠过，金茧成来欲化蛾。听道今年丝价好，通津桥外贩船多"；嘉兴沈国祺的《蚕词》："缫丝泉上水如油，来去如梭泛小舟。为要新丝颜色好，都来花底载清流"。吴侬软语的吟唱之中，可以想见当年熙熙攘攘的丝绸贸易往来的繁华热闹情景。

▲ 清末上海一个制作刺绣的作坊，绣娘们在向女孩传授刺绣技艺

阿侬家住绣花坡
——苏绣顾绣

说到刺绣，人们耳熟能详的总是“四大名绣”：苏绣、湘绣、粤绣和蜀绣，四大名绣各有特色，其中苏绣名声很大，若论起它的渊源，则是在明代顾绣基础上发展而来的，由沈寿口述、张謇笔录整理而成《雪宧绣谱》一书，南通翰墨林书局刊印，1919年问世。苏绣大师沈寿说，清代中叶，苏绣业还曾先后建“顾公祠”及“文锦公所”，供奉顾绣的创始者顾名世为苏州刺绣业者的祖师爷，可见苏绣与顾绣的亲缘关系。现在上海人说顾绣，苏州人说苏绣，其实，沪苏地缘实在太近，刺绣技法上互相借鉴，顾绣、苏绣，原本就是一脉。

曾经看到过一篇《顾绣源自南汇》的网络博文，其根据是一首佚名所作的竹枝词：“一钩新月制香罗，姊妹相携绮陌过。怪底踏青鞋样巧，阿侬家住绣花坡”，那个作者说“绣花坡是新场镇近郊的一处地名，它位于今千秋桥东约里许”。但是南汇本是不断向海滩延伸的滩涂之地，没有山，哪来坡？再说历来的刺绣，从唐宋开始分为闺阁

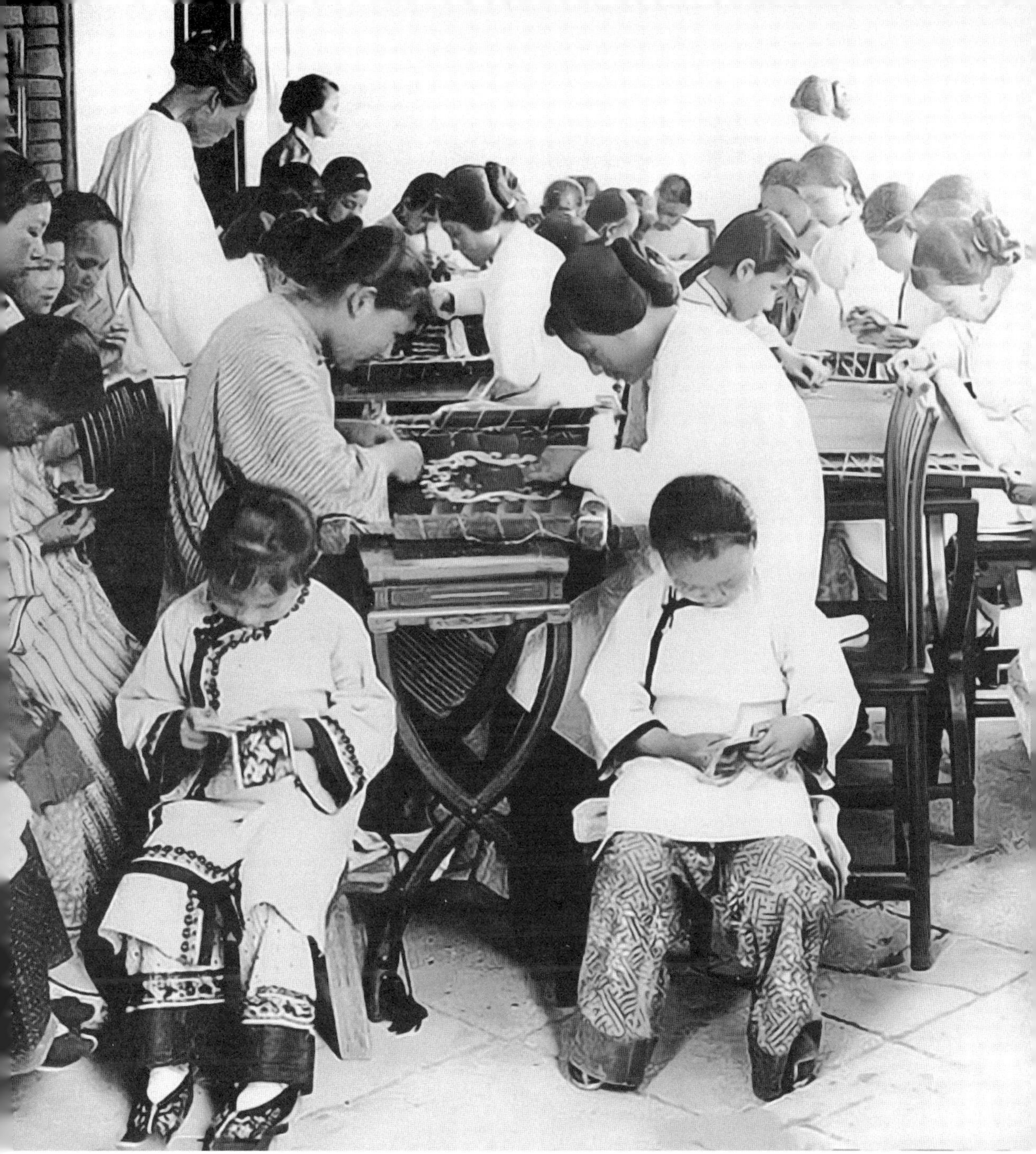

▲ 1900 年一群女孩在上海长老会教会学校门前学习刺绣

绣和实用绣两大类，顾绣则属于闺阁绣，那区别就好比一个是画院专业派，一个是群文创作的农民画，两者有雅俗之分，放在一起比较是不合适的。

顾绣起源于明代上海老城厢的顾氏家族，顾姓乃江东大姓、名门望族，明嘉靖年间松江府进士顾名世，此公晚年在老城厢九亩地建筑了一座园林作为私家住宅，顾名世仰慕元代大书法家赵孟頫，以赵孟頫篆书“露香池”三字石碑在此，就取名为“露香园”，此园早废，如今只剩下“露香园路”路名。

顾名世是明代进士，学富五车，见多识广，做派儒雅，他的女眷们不能不受其影响，醉心丹青书画，也精于刺绣。她们不是为了穿衣才做刺绣，而是悉心揣摩高雅脱俗的名画，技法上创造出散针、套针、滚针等针法，用以模仿绘画的笔墨技巧，“其劈丝细过于发，而针如毫，配色则有秘传，故能点染成文，不特翎毛花卉巧夺天工，而山水人物无不逼肖活现”，从宋代的宫廷刺绣技法中汲取营养，开创了刺绣“画绣”的独门绝技，人称“露香园顾绣”。

露香园顾绣的声名离不开三个女子——明代才女缪瑞云、韩希孟和清代才女顾兰玉，尽管悠长青史中，记载鲜见，湮没无闻，还是有端倪可探。据文献记载，缪瑞云为顾名世长子顾其英之妾，自幼工刺绣，顾家珍藏的宋、元名家字画，开阔了她的视野，她将读画后的感悟融入刺绣创作中，在针法运用、着色和材料选配等方面都有许多突破。清人姜绍书评论她的作品：“气韵生动，字亦有法，得其手制者，无不珍袭之”，甚至时人还有“上海顾绣始于缪氏”的说法。继之而起的是韩希孟，武林（今杭州）人。根据《韩希孟宋元名迹册》记载，韩希孟约生活于明代万历、崇祯年间，她是顾名世次子顾振海的二儿子顾寿潜之妻，“善画花卉，工刺绣，深通六法，远绍唐宋发绣之真传，摹绣古今名人书画，别有会心。所绘绣宋元画

▲ 民国时期江苏女子刺绣传习所教学实况

▲ 民国时期数位闺秀在研习刺绣技艺

▲ 20 世纪 40 年代的江南绣娘

家真迹，最为传神，多用朱绣名款，传世作品较多，为世所珍，亦称‘韩媛绣’”，作品至今为上海博物馆珍藏。

露香园于明末就已荒废，被后人典卖，原址成为兵营，入清后，顾家绣品一度湮闻，直到清康熙年间，顾家又出了一个名绣叫顾兰玉，她是顾名世的曾孙女，嫁给了松江府的一位秀才，身世遭遇很坎坷，迫于生计，开始用家传的绣艺为富贵人家绣些活计。也正是从此时起，顾绣开始作为商品出售，一时间鱼目混珠，一些不法商人为了推销商品，都把自己的绣品称为“顾绣”，以至于叶梦珠在《阅世编》里说：“后以仿效者皆称顾绣，绣品肆亦以顾绣相标榜，凡苏属之绣几不以顾绣名矣。”

顾绣，又称“露香园顾绣”，中国传统刺绣工艺之一，它是以名画为蓝本的“画绣”，以技法精湛、形式典雅、艺术性极高而著称于世，而苏绣作品也多以山水、花鸟和人物等国画题材为主，富有文人品位，追求雅致，与顾绣有异曲同工之妙，两者既有区别又有相似之处，是中国刺绣园地里两朵最鲜艳的花朵。

机器公司号胜家
——缝纫机制

从考古文物中，可以见到人类早期的骨针，说明从古迄今，数千年人类绵延不绝的社会生活中，都是用手工一针一线缝出衣裳来的。第一根针就是用兽骨制作的，相传旧石器时代就有了骨针，经打磨、刮削和钻孔，先民学会用骨针、石针来缝制兽皮与树叶等作为简单衣

▲ 清末美国胜家缝纫机公司在南京路设立专卖店并推出流动广告

料。后来随着社会的进步，铁器和金属制造技术的发展，人们逐渐学会了使用金属针缝制衣服，自从有了金属针，缝制衣服的劳动生产效率也大为提高。

18世纪中叶工业革命后，纺织制衣工业的大生产，催生了缝纫机的发明。1841年，法国人蒂莫尼埃设计和制造了实用的双线链式线迹缝纫机；1846年，美国的伊莱亚斯·豪取得曲线锁式线迹缝纫机专利，缝纫速度为300针/分，效率超过5名手工操作的缝纫师；1851年，美国机械工人胜家独立设计并制造出胜家缝纫机，缝纫速度为600针/分，并于1853年取得美国专利。此后，缝纫机便开始大量投入生产，并逐步增加了钉纽扣、锁纽孔、加固、刺绣等功能。1859年，胜家公司发明了脚踏式缝纫机。在托马斯和爱迪生发明了电动机后，1889年，胜家公司又发明了电动机驱动缝纫机，从此进入缝纫机工业的新时代。

1859年，胜家公司发明了脚踏式缝纫机。缝纫机被引进到中国，当初还只能是宫廷贵族、官宦人家或少数豪门能够使用，在少数来华的外国人家里才能看到的缝纫机，伴随社会生活的发展，逐渐进入人们的生活。19世纪70年代初，缝纫机在上海缝衣业中已出现。

1872年12月14日，《申报》刊登一洋行的广告“成衣机器出售”并有图式，王韬《瀛壖杂志》卷五曾经写道：“近时此器盛行，缝人每购一具，可抵女红十人。”到19世纪70年代，缝纫机在上海已经售出了数百台。人们在街上的成衣铺里，可以看到裁缝师傅脚踏缝纫机，机轮转动、运针如飞地缝制衣服的情景。自此中国人开始使用缝纫机制衣。现代缝纫机开启了新纪元，并不断发展出工业缝纫机、家用缝纫机等各类缝纫机。1905年，上海首先开始制造缝纫机零配件，并建立了一些零配件生产小作坊。到1928年，上海协昌缝纫机厂生产出了第一台44-13型工业用缝纫机。同年，上海胜美缝纫机厂也生产出第一台家用缝纫机。不过，在新中国成立之前，整个缝纫机行业的产量很低，年产量不足4 000台，当时的缝制设备市场主要由美国胜家公司垄断。

▲ 清同治年间，缝纫机已进入中国市场。1872 年 12 月 14 日，《申报》刊载缝纫机广告

▲ 民国初年有经销商特聘技工在街市演示缝纫机操作，摄影师留影引发众人关注

缝纫机最初入华的一种译名，叫“铁裁缝”，这个名字有点“金戈铁马”的意味，男性味道十足，与西方人把缝纫机贴上女性标签不太一样，因为那个时候的中国，虽然女子须精通女红，但多是为家庭服务，而市面上的成衣铺和大裁缝，以男性为主，他们才是购买缝纫机的主力。据说，美国胜家公司产品进入中国市场之初，不了解中国社会的实际，还是照搬欧美那一套，安排了女性销售员负责培训，没想到来买的都是大老爷们，也让胜家公司的销售暗暗吃惊。当时流传一首竹枝词：“机器公司号胜家，缝衣洽袜尽堪夸。男儿欲买须先试，教授原来尽女娃。”当然，胜家公司也适时调整销售策略，改找男性销售

▲ 1905 年上海开始制造缝纫机零配件。图为学习使用缝纫机的女子

▲ 1937 年苏州一名青年学徒于缝纫机前凝视镜头

挑着缝纫机，沿街叫卖，很快在上海市场站稳脚跟。

整个民国时期，缝纫机走过了国产化的艰辛历程，既经历着外国资本的打压，在技术发展方面也是举步维艰，产量少，成本高，极其脆弱的民族缝纫机工业一直在苟延残喘，勉强维持着艰难的生机，从1927年上海协昌缝衣机器公司的红狮牌草帽缝纫机，到40年代的“飞人”“蜜蜂”“华南”等牌号的缝纫机相继问世，总体上还处于缝纫机整机生产的萌芽时期。在炮火隆隆的解放战争中，许多城市的民众全力以赴投入到支援前线的光荣任务中。广大妇女积极响应中国共产党的号召，集中或公营或私营或自家的各式缝纫机，飞针走线，通宵达旦，“嗒嗒嗒、嗒嗒嗒”……飞旋的缝纫机针机头和着嘹亮的军号声声，谱写出为军需生产做出卓越贡献的乐章，迎接新中国的诞生。

庸线懒针作女红

——绒线编结

旧时女子所做的针线、纺织、刺绣、印染、缝纫等各种针线活，称为“女红”，清人孔尚任《桃花扇·栖真》：“庸线懒针，几曾作女红”，最初写作“女工”或“女功”，后来都以“女红”来指代。近代以来，女红中又多了一个行当，就是毛线编结，北方人叫“打毛衣”，吴方言区叫“结绒线衫”。

绒线业传入中国，约在19世纪90年代，那个时候，晚清政府正处于风雨飘摇中，因为是从西方输入，故称之为“洋线”，又因它是羊毛又能御寒，也有称其为“冷毛”的。绒线织品质轻又温暖，远非棉类制品所能比拟，故曾风行一时。19世纪中后期，英国商人在上海开设“博德荣绒线厂”，生产“蜜蜂牌”绒线。为了打开销路，他们在售货时会附送一本编结说明书和几根竹制棒针，引导人们学习编结，绒线编结逐渐传入民间。在今天的金陵东路和人民路之间，有一条兴圣街，就曾经开了许多“冷毛店”。吴县人沈莱舟，在上海曾是

▲ 编织绒线毛衣是 20 世纪 30 年代上海许多爱美女士的时尚

洋行跑街，他见这种“冷毛”的绒线有销路，便自己开设一家绒线店，是为今日鼎鼎大名的“恒源祥”。

有谁会想到这种舶来品竟会构成上海妇女一道亮丽的风景线。已故作家程乃珊说过：“要说什么是最具海派特性的上海女人形象，我想，是结绒线。”绒线工艺自西洋传入不过百来年，却已与旗袍绣花鞋等融合在一起，构成上海近代新型海派的贤妻良母经典形象。民国上海人的弄堂生活里，有钱和有闲的姨太太、阔女人，一般是以“打麻将”和“结绒线”作为生活消遣的。王家姆妈、张家阿姨，对一般女孩子的评价，就是看她会不会结绒线。“她连绒线都不会结！”是要受人鄙夷与排斥的，潜台词是说这个女孩也笨到家了，连绒线也不会结。说来也怪，一双针锋相对的长针一旦与柔软毛茸的绒线纠缠在一起，在欲拒还迎、牵丝攀藤的交锋中，却能够造就一片温暖的彩虹。这颇似上海女人得天独厚，以柔制刚的天性。绒线为羊毛制品，价格不菲，故直到新中国成立及以后的几十年，结绒线一直属于上海女人的沙龙式女红。当然，普通市民家的女孩，对此手艺就更加乐此不疲。

▲ 20 世纪 40 年代，上海两位在航空公司工作的女士，穿着自己编织的绒线衫一起合影

▲ 1947 年，编结大师黄培英编著出版的《培英毛线编结法》封面

绒线因着其可塑性和循环再生性，小孩长个，花色老式，袖口磨耗，都可拆掉重新编织，也很合上海女人精明的心思，故这项工艺很快就上海化了。自20世纪30年代以来上海女人最熟知的读物，不是张爱玲的小说，而是冯秋萍的绒线编织法；从花园洋房的太太到弄口烟纸店的小家碧玉，几乎人手一册。平民婆子扎鞋底，很有点重压下咬牙切齿的挣扎，小家碧玉的刺绣，又总带点苔深似锁养在深院的寂寞，唯有结绒线，给人一种优雅、祥和、安乐的情状。许多上海女人对“绒线生活”情有独钟，无论走到哪里，两根针一团绒线用块男式手帕一包随身带着，见缝插针，以至

于当时的公交车上还有“乘车不准结绒线”的告知牌，担心急刹车会导致棒针扎人。

青年男女相爱，女方结一件绒线衫送给男方，算是很不错的定情之物。成家的男人，尽管经济拮据，在外仍能穿得有头有脸，很大程度上全靠家里女人那一手优雅的“绒线生活”。正因为有了广泛的社会基础，海派绒线编织，也成为一种时髦的引领，涌现出冯秋萍、黄培英、鲍国芳等一批心灵手巧的代表人物。一代编织大师冯秋萍曾经

▲ 20 世纪 30 年代浙江绍兴，一女子坐于店铺门前编织绒线

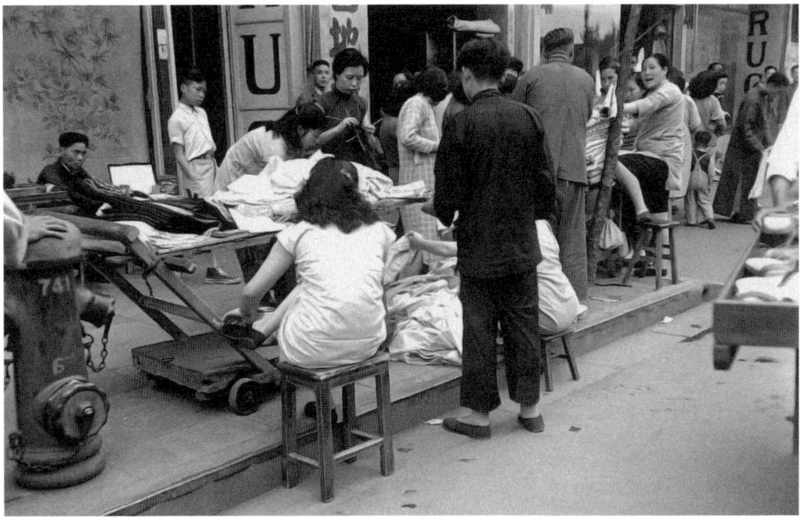

▲ 1949 年上海街头女子编织绒线与布贩叫卖之景

是中国女性崇拜的偶像，坊间有“张小泉的剪刀、冯秋萍的编织”，几乎无人不知。1934年至1948年，冯秋萍在上海开办“秋萍编织学校”“良友编织社”，为许多当红女艺人定身编织，并请她们做教材模特。她的创作设计造型别致、针法新颖、色彩协调，先后被许多毛纺企业等厂商聘为编结顾问，著有《秋萍绒线刺绣编织法》和《绒线棒针花式编结法》等，主要针法有“孔雀开屏”“珍珠花”“松针花”“洪湖野荷”等，谱写了中华手工编织史上辉煌的一页。另一位编结大师黄培英，是职业教育家和社会活动家黄炎培的妹妹，在编织技艺上也有独特贡献，如她的镂空毛衣，在当时成为女士们的时髦外套，1933年她编写的《培英毛线编结法》一书，发行量高达30万册，她也因此成为30年代上海知名的绒线编结专家。

苦道生平刻楮年
——缂丝刺绣

农历端午，吴地风俗要戴香袋；春夏之交又是一段阴雨绵绵的黄梅天，在潮湿、闷热的气候环境中，一个气味芳香、外表精致的缂丝香袋，既可点缀襟头、床帐或车辇，轻闻一缕香风，更是贴身私密，给情人传递充满爱意的芳香妙物，是既含蓄又诱惑、很招人喜欢的饰物。“缂丝”，是一种以生蚕丝为经线，彩色熟丝为纬线，采用通经回纬的方法织成的平纹织物。虽然缂丝机、梭子、拨子，用到的工具不多，但是工艺流程复杂，有画样、配线、牵经、接头、穿口、拖经面、嵌经面等十几道工序。手艺人织造时，要按预先设计勾绘在经面上的图案，不停地换着梭子来回穿梭织纬，然后用拨子把纬线排紧，即所谓“通经断纬”的制作工艺。古人形容缂丝“承空观之如雕镂之像”，常有“一寸缂丝一寸金”和“织中之圣”的盛名。

缂丝与刺绣，取法书画，融入丹青艺术，绽放绚烂光芒——缂绣书画是中国艺术史上的独特风景。这里不能不提到清末民初一代缂丝

▲ 清末民初著名的苏绣艺术大师沈寿

▲ 清末吴友如《海上百艳图》所描绘的绣娘刺绣图

刺绣大师沈寿。沈寿（1874—1921），刺绣大师、刺绣教育家，人称“绣圣”，原名云芝，字雪君，号雪宧，江苏苏州人。她将江南的绛画与刺绣艺术结合，发展到一个前无古人的高度。沈寿出身书香门第，排行最小，她的母亲和长姐沈立也精于刺绣，从小耳濡目染，读书之余，不顾父亲反对，偷偷学习刺绣，她在十一二岁时，所绣唐寅画作《秋夜月上图》已显示了惊人的天赋。后放弃学业，专门从事刺绣。

在绣娘众多，灿若繁星的苏州，沈寿的作品深得京城里垂帘听政的老佛爷慈禧太后的垂青，慈禧太后对沈寿作品高度肯定和期许，并有恩赐“寿”字匾额为凭。这是莫大的荣誉，有了慈禧太后青睐有加的金字招牌，也是无上的荣耀，从此，苏州绣娘的佼佼者沈云芝脱颖而出，名字也改成沈寿，以绣品技艺，艺压群芳，享誉华夏。

1904年，南京举办南洋劝业会，沈寿有绛丝绣画作品出展，引起了著名大实业家、南通人张謇的注意，机缘相遇也是天所注定。南洋劝业会之后，受益于张謇的鼎力相助，沈寿的绣品中，有关耶稣、意大利皇后的作品，也有机会在国际艺坛上展露东方艺术的独特魅力。沈寿对于张謇的真诚帮助，自然也是心存感激，彼此都有好感。在张謇的诚恳相邀下，沈寿考虑良久，终于离开苏州，渡江前往南通，将自己的绛绣艺术奉献出来，汇入张謇实业救国与报国的宏图伟业之中。沈寿与张謇堪称灵魂伴侣，沈绣作品自然也是如鱼得水，境界大升。

据南通市文化学者赵明远的研究，1917年6月，张謇的儿子张孝若即将赴美留学，南通女红传习所所长、刺绣大师沈寿以一幅意大利油画为摹本作刺绣，原画面上一位女性半俯卧在山洞中读经，旁有一骷髅，她以独创的“仿真绣”技法进行了艺术再创造，历时三年方才绣成。作品表现的是女子在深山中艰辛修炼悟道的场景，沈寿赠送此作品，很有励志苦学的意味。为此张謇题写一诗：“雪君割绣贶儿行，多少功夫始绣成。闻道三年如刻楮，世间哪有浪收名。”诗

▲ 民国时期江南不仅女子从事刺绣，也有男性刺绣艺人，图为一个男子在绣花

中“雪君”是沈寿的字。1921年沈寿辞世，1922年张謇怀念沈寿，又写了一首诗：“岩壑佳人悟道坚，髑髅绣罢一凄然。赠儿叙别饶深意，苦道生平刻楮年。”张謇两诗都提到了“刻楮”，既有典可寻，也很有深意。典出《韩非子》卷七“喻老”：“宋人有为其君以象为楮叶者，三年而成。丰杀茎柯，毫芒繁泽，乱之楮叶之中而不可别也。”象，指象牙。所谓“刻楮”，就是比喻技艺工巧的刻苦与艰

▲ 民国时期金陵女子大学学生课余研习刺绣技艺

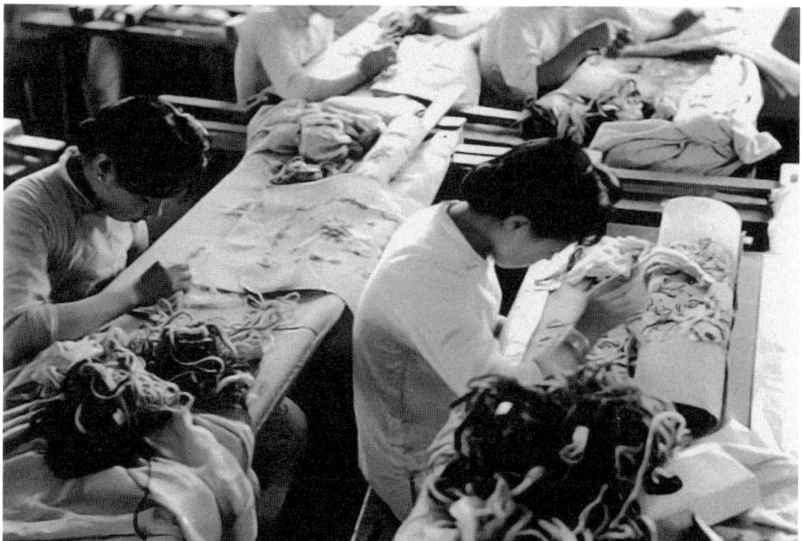

▲ 1938 年上海刺绣女工

辛，也比喻沈寿的人品、艺品与对待技艺的用功与刻苦。

1918年，沈寿生病期间，总结其毕生刺绣经验，由张謇记录整理，写成《雪宧绣谱》，全书分绣备、绣引、针法、绣要、绣品、绣德、绣节、绣通八章，总结了18种刺绣的基本针法，绣技具有“平、齐、和、光、顺、匀”的特点。这本书是对江南绣艺最高成就的总结，也是江南才子张謇与才女沈寿之间一段不平常友情的结晶。

妆束工趋时世样

——布艺纽扣

历史上，每一个时期都曾出现过许多优美的服装款式，如中国的旗袍，形成了自己特有的服装文化，而应运而生的盘扣，亦从古时的衣带逐步发展为兼具实用及装饰为一体的旗袍附属品，从而形成了独特的手工技艺。

▲ 清末教会学校里的女学生，课程很传统，培训传统民间女红技艺

▲ 民国时期苏州农人在夏日织造、晾晒布匹之景

江南传统布艺历史悠久，文化底蕴深厚，相传西施在女红上就有很深的造诣，所制布艺香囊深受吴王夫差的喜爱。明清以后，社会对女性的要求更高，夫家择妻标准都以德、工、容、言等四个方面来衡量。其中“工”就是女子要有女红的技能。精通女红必须从小就开始教育培养，旧时教会学塾也有女红课，以培养学生的技能。

布艺发达离不开布业的发展，清代江南大多数地区家庭手织业发达。“江南苏、松两郡最为繁庶，而贫乏之民得以俯仰有资者，不在丝而在布。”一般农户家庭的手工纺织业也超越了自给自足的自然经济阶段，大部分产品为市场生产，织出的布就是为了在市场售卖，街头巷尾常见推销老布的小贩。

古代是没有纽扣的，从传说中的黄帝时期，我国出现了丝绸，怎样使服饰更合体？古人受到系绳子的启发，便在衣服上缝制了一些带子，出现了“裾”“袂”“裙”“襟”等，这些衣饰小件不仅起到装饰作用，更能起到类似于打结系扣的连接作用。“绳”与“神”谐音，中国文化在形成阶段，曾经崇拜过绳子。神话人物“女娲引绳在泥中，举以为人”。又因绳像盘曲的蛇龙，龙神的形象在史前时代是用绳结的变化来体现的。“结”字也是一个表示力量、和谐，充满情感的字眼，无论是结合、结交、结缘、团结、结果，还是结发夫妻，永结同心，“结”都给人一种团圆、亲密、温馨的美感。中国结就是举世闻名的传统中国符号之一。

明代出现了袍、褂为特色的服饰，盘扣的使用就更多了，衣服趋窄，出现了“字母纽扣”，材质也日益富贵华丽。明代文学家冯梦龙评《桂枝儿》说：“纽扣儿，凑就的姻缘好。你搭上我，我搭上你，两下搂得坚牢，生成一对相依靠。系定同心结，绾下刎颈交。一会儿分开也，一会儿又拢了”，将纽扣写得很传神。清代的盘扣多以绸布为主，用来固定衣襟，不同的盘扣样式，搭配不同款式的服装。各种各样的盘扣成了清代服饰必备的装饰品。

随着中国文化的发展，江南越来越多地在传统服饰中使用盘扣元素。盘扣已不再仅仅局限在旗袍上，也被应用在普通的服装中。随着经济的发展，将盘扣逐渐转移到了手袋、鞋子、喜帖、钱包、请柬等

▲ 1941 年江南古镇土布买卖之情景

饰品上，传统的盘扣与现代的时装搭配，给人一种全新的感觉。

作为系束衣服或作为装饰品的盘扣，题材多取自具有浓郁民族情趣和吉祥意义的图案，有模仿动植物的金鱼扣、菊花扣、梅花扣，有盘结成文字的吉字扣、寿字扣、囍字扣，也有几何图案的一字扣、波形扣、三角形扣等。别看盘扣小小一粒，制作它可要花大功夫，将布、缎等丝织物裁剪成约一寸宽的长条，经过烫平、刮浆、晾干、滚边、裁剪等工序后，再编织成花式各异的扣子，并配以珠片、珠子等加以装饰，盘扣用料的尺寸也不一样，光是用针，就像刺绣一样分好多种。

▲ 苏州昔日的嘉美克螺甸钮扣制造厂“飞马牌”老商标

▲ 1949 年 3 月，几个女子在卖布摊位前互相交谈

盘扣中尤以古老的手工盘扣最为精巧细致，它融进了制作者的心性和智慧，有着极高的审美价值，对时装可起到画龙点睛的作用。长袖盘扣、短袖盘扣、对襟盘扣、斜襟盘扣……就连后开衩的直筒连衣裙也缀上了几颗盘扣，恰似一只只欲飞未飞的“蜻蜓”，缀在不同款式的服装上，却表达着不同的服饰语言，于古雅之中见清纯。

布艺中的花式纽扣与中式盘扣一样，造型优美，做工精巧，宛如千姿百态的工艺品，可以说是我国服饰百花园中独树一帜的奇葩。随着民国时期服装业的发展而兴起。盘扣不仅作为纽扣使用，还可独立观赏，是一种新颖的工艺美术作品。其制作工艺包括了盘、包、缝、编等多种手法，盘扣作为中国最美的扣子，不仅具有连接衣襟的功能，更是作为中国元素的一个符号，传递着中华民族独特的文化内涵，一针一线，都可以让人感受到古人气定神闲、悠然娴静的心境。

第七章

穿在身上的江南

江南地区担负着全国重要的“织造”使命，国家分别在江宁与北京设立内、外织染局，这两处是由清朝廷管辖的官局，同时在苏州与杭州设立地方织染局。清代内务府下属“织造”机构，专门制作皇室人员穿用的各类服饰，提供绫罗绸缎等高级纺织品，好比是皇家服饰的专属机构。江南地区有江宁织造、苏州织造、杭州织造，统称“江南三织造”，均是在明代基础上的重建。清代江南地区文化生态的强制制约并未让清代汉族服饰风格偏离原有的传统根基。随着时间迁徙，满汉服饰经过反复较量、磨合和交流，也逐渐潜移默化，趋向融合。

作为明清时期全国纺织手工业中心，江南拥有全面且划分细致明确的手工业与产品的分类，纺织服装类的店铺种类繁多、棉布业布坊、染坊众多，衣服鞋帽手巾业销售网络星罗棋布。在京杭大运河的滋养下，民间织造规模扩大，需求的提升刺激了手工业逐渐聚焦于更精进的染纺、制衣等领域，民众审美情趣的日益精进，推动服饰制作的手工技术在纵向与横向发展层面上达到更高的水平。

染纺业一度成为地方上的显业。蓝印花布一般可分为蓝底白花和白底蓝花两种形式。蓝底白花布只需用一块花版印花，构成纹样的斑点互不连接，例如梅、兰、竹、菊。白底蓝花布的制作方法，常用两块花版套印，印第一遍的叫“花版”，印第二遍的叫“盖版”。经过一代代民间工艺家的不懈努力，从单一的土布制品走向多种面料的制品，从生活实用型走向实用、装饰多种类型，从田野阡陌走向城市都会，达到了前所未有的辉煌高度。

看起来充满乡土气息的草根手艺，伴随我们的生活一路走来，如声声弦响、片片花飞，最后把一堆棉花压成一条整整齐齐的被褥，而那时候的弹棉花工匠们也都走街串巷；依着一双巧手剪出的纸样，蜡线在银针的引导下，穿梭在乡间与街区老妈妈做的鞋面与鞋底之间；还有遍布大街小巷和弄堂里那些飞针走线的“老裁缝”……和服饰有关的各种社会服务，都曾经深度嵌入人们的日常生活。大工业、大机器的出现逐渐改变了这一切，它们也只能留存在人们的记忆之中。

▲ 清末浙江宁波卖布小贩的摊位

西洋花布色纷纭

——阴丹士林

20世纪20年代，时任复旦大学文科教授的刘大白（1880—1932），也是新诗运动的重要倡导者之一。他创作的民歌体的《卖布谣》，其一：“嫂嫂织布，哥哥卖布。卖布买米，有饭落肚。嫂嫂织布，哥哥卖布。弟弟裤破，没布补裤。嫂嫂织布，哥哥卖布。是谁买布，前村财主。土布粗，洋布细。洋布便宜，财主欢喜。土布没人要，饿倒哥哥嫂嫂。”这看似浅显实则含义深刻的短诗，发表于1920年6月6日的《星期评论》上，立即为广大读者所喜欢，并由刚从美国回来的著名语言学家、作曲家赵元任先生谱成歌曲传唱，久唱不衰。这首《卖布谣》唱出了农村织布人的凄楚与哀怨，乡村手工织出的土布的不幸同洋布联系了起来。正是由于“洋布细”“洋布便宜”，在质地与价格上对土布来说占有绝对的优势，才使得手工织的土布销售疲软，对洋布的涌入，失去了竞争能力。其背后折射出20世纪初年中国社会自然经济逐渐解体的现实难题。

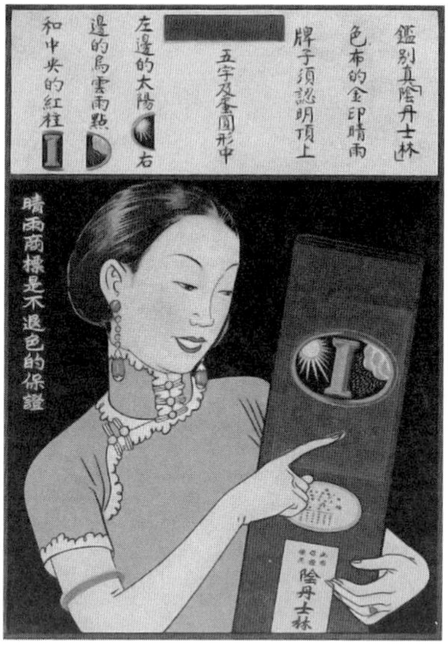

▲ 20 世纪 30 年代，阴丹士林布，著名“晴雨”商标

在这种所谓“洋货”“洋布”的现代机械纺织品潮水般的冲击下，中国乡村手工织出的土布前景堪忧。《卖布谣》通过对土布织工叫卖情景的描述，突出地表明中国封闭的自给自足的自然经济正在被打破，以及由此给社会底层人民生活所带来的不幸。

也正是从20年代起，随着西方时尚潮流的影响，世俗风尚愈加趋利务实、追新逐异，爱美的青年女子，特别是女学生，上身一袭月白大襟布衫，窄腰宽袖，下身配以黑色绸裙皮鞋，成为那个年代街头的一道靓丽风景。而到了30年代，风气又为之一变，上海滩上忽然流行起中式旗袍，面料却是以蓝色为基调的阴丹士林布。阴丹士林是英语Indanthrene的音译，意谓人工合成的蒽醌类化学染料，本是人造染料的一种名称，有蓝、红、绿等多种染色色调，但人们嘴里常常说的“阴丹士林色”，一般多是指的青蓝色。它的颜色比其他布，更为鲜亮，穿一件阴丹士林旗袍，令人觉得特别干净，平整。

▲ 1948 年上海白猫牌布料的街头广告

据说，二三十年代，当毛泽东和朱德率领中国工农红军从井冈山到赣南开辟革命根据地时，赣南

▲ 20 世纪 40 年代，上海绸布店里的营业员在恭候顾客

闽西客家妇女最喜欢穿这种阴丹士林蓝，她们剪去长发，系上臂章，拿起梭镖，参加妇救会、赤卫队、扩红队、担架队、救护队、春耕队、支前队，田头地尾、医院内外、战场前后时时可见她们蓝色的身影，可见阴丹士林布在那时的流行程度，已经深入到了像井冈山这样经济相对落后地区。而城市里的时尚女性更是阴丹士林服装的积极拥趸，春秋季是一袭阴丹士林蓝旗袍，冬季则是长棉袍外罩阴丹士林蓝大褂，长围巾直垂至膝。阴丹士林俨然成为那个年代的“流行密码”。

1931年春节过后，上海“大世界”游乐场举办“迎春招待会”，影后胡蝶是这次招待会的特邀贵宾，会上有记者问胡蝶最喜爱哪一家商店的服装，胡蝶脱口而出：“鸿翔服装店的衣服，不但做工考究，而且款式时新，我常去选购。”胡蝶本是随意的回答，不料却形成轰动效应，顾客纷纷购买鸿翔服装，一时间鸿翔公司的销售额大增。受此启发，以出售阴丹士林布料为主的大中华布匹公司，决定将胡蝶的形象搬上巨大的广告牌，还请她题写了“阴丹士林色布是我最喜欢用的布料”，胡蝶的名人代言给阴丹士林带来了良好的经济效益。

▲ 民国时期江南布肆之交易

清末颐安主人《沪江商业市景词》写道：“西洋花布色纷纭，各有专牌仔细分。如欲新翻何式样，绘图定办独超群”“矜奇服饰制弥精，冬益加温夏益轻”。朱文炳《海上光复竹枝词》也云：“席法洋纱千百种，但教新样称时装。”阴丹士林布的流行，使得“西服东渐”之势更加波涛汹涌。据说，阴丹士林布做成的衣服，洗几次以后，缝线就变成很明显的白色，那是因为阴丹士林布不褪色而线褪色的缘故。也因此，阴丹士林布的消费群体极为广泛，被用来制作女性旗袍、男性长袍、学生制服、职业装等，成为家喻户晓的棉布流行品牌，风靡大江南北。学生争穿阴丹士林布做的制服，时髦女郎也穿阴丹士林布做的旗袍，阴丹士林布几乎成了“国布”。汪曾祺《金岳霖先生》一文中说：“那时联大女生在蓝阴丹士林旗袍外面套一件红毛衣成了一种风气。”

衣裳颠倒半非新

——估衣提庄

谈论晚清及民国时期的服饰行业，大抵集中于西装、时装、旗袍等，其实，那是“成衣业”，与成衣业关联的还有一种估衣业。清崔旭写有《估衣街竹枝词》：“衣裳颠倒半非新，挈领提襟唱卖频；夏葛冬装随意买，不知初制是何人。”它生动地描绘了估衣铺旧衣服的经营活动。

处于底层社会的一般劳工阶层，经济拮据，一年到头，对市场上的旧衣服关注较多。20世纪30 年代的上海福建路一带，是衣庄开设数量最多的地段。据《文心》杂志1938 年第1卷第2期刊载“百业动态：估衣业生意兴隆”所云：“本埠估衣业自‘八一三’以后，即全集中福建路营业。”

福建路开辟于清康熙十一年（1672），“为当时嘉定、太仓、昆山、常熟等地由陆路至上海县城的通道”。“到20世纪初，已有10多家专卖估衣的衣庄店”。1921年第5卷第6期《银行周报》曰：“本埠北市估衣业集中于公共租界石路一带。”石路，是福建中路的旧称。上海开埠初期，这条路被铺上煤渣，定名沙克里路，后来路面改铺小石块，老百姓俗称“石路”。1865年以福建省名称作路名，路面也被改为沥青路面，但时人仍以“石路”相称。因为交通便利、易于聚集，石路这片街区便渐渐形成了上海买卖旧衣的“衣庄街”，名气也越来越大。

旧时，苏州坊间也有一句俗语：“吃煞太监弄，着煞旧学前，撒尿牛角浜。”吴语指穿衣叫“着”，“着煞旧学前”就是指百米长的旧学前街衣庄店很多，到20世纪30年代，苏州市内大大小小成衣铺、估衣铺和裁缝店最多时竟达四百余家，可谓遍及街巷，星罗棋布。

▲ 上海石路（今福建中路）街市是 20 世纪 20—30 年代估衣业相当集中和发达的街市

▲ 1949 年的上海旧货商店，正在售卖旧衣物的情景

旧衣，为什么要“估”呢？这是清代延续下来的老传统，过去，人们生活普遍贫穷，一件衣裳穿十多年是常事，俗语谓“新老大、旧老二、补补纳纳是老三”，没钱用了，脱下长衫马褂，送到估衣店换几个钱，有时又会花不多的钱，在估衣店买件衣服套上身。估衣店的经营模式，不外乎以下几种：一是店家开门收购一般顾客的旧衣；二

是从江南各个城镇批量进货，对价廉物美的旧衣还可以论斤、论堆收购；三是顾客将旧衣送到估衣店，可以寄售，自己报个价，衣服出售后店家收取佣金，若实在卖不掉，还得由顾客取回；四是与典当业的结合，有些送进当铺的衣裳，出典人无钱赎回，便成了死当，当铺即按堆编号售出，估衣店将当铺“死当”买来，转手卖出牟利。这种盈利模式，到新中国成立后，因旧衣来源的匮乏，它的商业营业性就失去价值，不少估衣店也只得卖起其他旧货，如旧家具与古玩字画等。

对于“估衣”，历来有两种说法：一说是指寺庙中对于僧衣僧袍的竞卖。据张运华《中国传统佛教仪轨》记载，寺院有“唱衣”习俗，指将已故僧人的衣钵行李等物作价拍卖，利用拍卖所得的钱钞，支付亡僧的丧葬费用，剩余分给寺内僧众，是关于僧人死后财产分配方面一项特别的习俗，体现了佛门寺院中一切财产归僧众全体所有的公有精神。这个习俗源自元代，那时尚未形成专门的估衣行业。另一

▲ 20 世纪 30 年代上海老合泰估衣庄，福建中路 158 号（近福州路）

▲ 1945 年 11 月上海，选择回国的外国难民在人行道上兜售旧衣物

▲ 1945 年 11 月居住在虹口的犹太人，于马路设摊售卖旧衣物

种说法认为“估衣”就是由古代的“故衣”转化而来。据《东京梦华录》记载，宋代就已经存在“故衣”的买卖。至明清二代，“故衣”在原始的市面买卖基础上形成了行庄。自清中后期起，“故衣”的说法慢慢被“估衣”取代，因此清末民初以来对于旧衣服买卖这一行业的称呼便叫估衣业。

不论是起源于寺庙的竞卖，还是由故衣转化而来，其最原始的概念都是对于旧衣服的买卖活动，并且于明清时期在民间市场形成了专门的估衣行业，可见估衣业缘起于宋元时期民间买卖旧衣服的行为，在明清两代商品经济活跃的时代背景下，又得到长足的发展与传承。

估衣店将旧衣收进后，为了有个好卖相、卖出好价钱，也需要对旧衣进行清洗熨烫的“翻新”动作，尽可能使旧衣卖相好看一些，有时还要整修缝补。根据老派人的传说，开估衣店要“三防”：一防黄梅天季节衣服变潮发霉，二防虫蛀鼠咬，三防遭遇火灾。这样看，经营估衣店也是有些风险的。

商人重利轻别离
——三大祥店

沪上绸布行业最有名的三大商号：协大祥、宝大祥、信大祥，称为“三大祥”。“三大祥”原本一家，从1912年协大祥绸布店创立，走过了分分合合的历程，从竞争崛起到并驾齐驱，终成民国时期上海滩绸布业的翘楚。

商人无利不起早，骨子里就是对“利益”的锱铢必较，比拼的则是商业眼光。“三大祥”中最早诞生的是“协大祥”，创始人是浙江镇海人丁丕山、柴宝怀。他俩原是给外国人打工卖洋布的跑街先生，眼光还是有的。辛亥革命的成功，清帝制被推翻，民众衣着必将需求更多的棉布，于是他们筹集银两，开了家新布店“协大祥棉布店”，并聘请了一个年富力强、精明能干的浦东人孙琢章当上了经理。这个

▲ 20 世纪 20 年代，老上海绸缎庄

孙经理经营有方，首创“明码实价”“足尺加一”等促销手段，内部职工实行“洋号工资制”，多劳多得。到1922年，“协大祥”10年中净赚16.6万两银子，资产增长了23倍。

这世上大多数人可以患难与共，却富贵难容。协大祥赚钱了，内部的各种矛盾也逐渐暴露出来，孙琢章不满足自己的收入所得，一些股东则认为他大权独揽，双方无法达成一致，结果是各股东一致同意廉价将“协大祥”转让给孙琢章。当然，那些老股东们也非等闲之辈。1924年，趁“协大祥”翻造房屋之际，快速租下“协大祥”隔壁马路转角上的房屋，合伙创办了一家绸布店，将原先单纯经营布匹的棉布店，逐步发展为经销各种绫罗绸缎、呢绒、土布、夏布、丝棉、驼毛、绣品、花边、床上用品、纽扣等的综合性商店。其经营范围远远超过同行，名列全市第一，是为“宝大祥”，还设立了成衣部、顾绣部、送货部、邮寄部，代客定制加工各式服装和手工刺绣。

几年经营下来，“宝大祥”不仅在国内享有盛誉，而且生意越来越红火，与东南亚、日本、欧美许多国家有业务往来。

“协大祥”对面多了一个“宝大祥”，“两祥”竞争进入白热化。1929年，“协大祥”学徒丁大富在小东门内宝带路35号又开设了一个“信大祥”，丁大富是孙琢璋的学生、“协大祥”的高级职员，而且又是老东家的亲戚。“协大祥”入股比例达六分之一，成为“信大祥”的大股东。孙琢璋的入股堪称“一箭双雕”：既可控制“信大祥”，避免出现新对手，又可在与“宝大祥”的竞争中多一份力量，其实资金等主要来源还是“协大祥”的，从此小东门“三大祥”鼎足而立，但“信大祥”的营业略逊于“协大祥”和“宝大祥”，直到1938年它首先将分店开到南京路，营业局面才逐渐好转，于是“三大祥”平分秋色的局面出现在上海滩。

老上海每一家著名商号的崛起，其背后几乎都有你死我活的激烈竞争。正是激烈的竞争，在商机和危机中左冲右突、历经劫难，才得以站稳脚跟，上海绸布行业的“三大祥”，可以说各有特色，“协大祥”在上海绸

▲ 搬迁到南京路之后的协大祥绸布店

▲ 老上海宝大祥呢羢洋布庄

▲ 老上海绸布行有“三祥一福”之说，除协大祥、宝大祥和信大祥之外，还有老介福。图为老介福绸布店的市景

▲ 1949 年上海绸布商店的橱窗展示

布店业中，以管理严格著称，经营有方，管理得法，以进货精明、货色准足、备货齐整、迎合多种需要、薄利多销等为特色。“宝大祥”则在“宝”字上做足了文章，商标上、悬匾上分别印上“斯宝大祥”“宝藏兴焉”“招财进宝”等字句，以至于民众办喜事的大多乐意光顾“宝大祥”，“嫁囡要到宝大祥，备嫁妆，送新娘，床上身上都像样！”甚至上海话中还有用作歇后语的，如“旱涝保收——宝大祥”“笃定泰山——宝大祥”。而“信大祥”呢，则主要围绕“信”字做文章，招牌上、广告上、发票上处处讲“信”，“信大祥买卖最讲信用”“信大祥对顾客言而有信”等。

白居易《琵琶行》中有“商人重利轻别离，前月浮梁买茶去”的名句，提到了商人的特性。在民国时期的上海，“此地从来无土著，九分商贾一分民”，上海绸布市场的竞争，只是商业竞争的一个缩影。“三大祥”明争暗斗，有序或无序地竞争，这些业主逐渐由竞争走向了联合，1941年“三大祥”联谊社成立，竞争之势暂告一段落，既竞争，又合作，他们为上海绸布行业打出了一番天地。到1949年上海解放前夕，“三大祥”的营业额竟然占了上海零售布店的三分之一。

▲ 晚清上海田义坊，从封火墙上张贴的告示看，田义坊就是一家布疋染坊

戴胜初来水染蓝

——纺织印染

“青青子衿”“青青子佩”“绿兮衣兮，绿衣黄裳”……《诗经》用最质朴但永恒的方式，记载下了草木印染，在我国古代历史中留下浪漫的一笔。染纺业供奉梅福、葛洪为行业祖师，合称“梅葛二仙”“梅葛二圣”。梅福为西汉末年人，曾任南昌尉，后出家修道炼丹。宋元丰年间被宋神宗封为“寿春真人”。葛洪为东晋著名道士、医学家和炼丹术家，著有《抱朴子》一书，内详载各种炼丹方技。梅福、葛洪被奉为染业、染料祖师，可能是因为染料、颜料的制作和炼丹工艺上有共同之处，都与化学有关，“丹”也属颜料之一，故梅、葛两人被认为是染行的创造者，被尊为祖师。过去每家染坊都供奉用红纸写“梅葛二仙师”的神主牌，每年农历四月十四（葛洪诞辰）和九月初九（梅福诞辰）都要举行祭典，其中以九月初九的祭典更为隆重。

▲ 民国时期杭州城内的运河畔通江桥九和染坊，乃杭城一风景

明清以降，棉纺织业成为明清苏州地区手工业中最早形成的完整产业链条与生产规范的行业。古镇上的旧式染坊，不仅有专染青蓝色的发酵靛缸，其他还有纱布漂白的漂坊、染灰黑布的灰坊。把采购来的坯布先用清水泡透，泡好后就放在青石板上用棒槌捶平。然后将青蓝布发往踹坊，捶好布后，再控去大量水分，就把布折叠起来待染。

▲ 民国时期上海纺织印染公司的广告，印花染色，花样新颖

染织行业中还出现了专门对棉布进行拉伸碾压，以使棉布平整光洁的工种，此工种就是“踹匠”，踹布，在江南被称为“踏布”，俗称“踏石元宝”，工人双脚踏在形似元宝的石头两端，一脚用力下踏，另一脚则放松，如此轮流反复，棉布就会被石元宝压得平匀柔软且光亮。随着棉布业的兴盛和市场的扩大，晚清踹布业从染坊中陆续分离出来，成为一门独立的行业。苏州府城内踹匠最多时有两万多人，足见这支队伍力量的强大和市场需求之旺盛。

染是整个工序的关键，草木染料，散发着人间烟火的气息，每一个步骤，都有一个温和的时间节点，超时或短时都不合适，所以江南染匠对颜色的把握，讲究含蓄与温和，如同传统的中国画，无论是水墨还是重彩，真正好画，并非那么扎眼鲜亮，而是充满含蓄与和气。从前的染缸周围都是用砖和坯垒起来的，能加热温度，温缸时要把缸里的水温加热到既烫手而手又能承受为宜。调色，要先烧一锅开水，放入适量的颜料，使之熔化，然后兑入染缸，将其与染缸中原有热水搅匀，再放入辅助上色作用的适量灰碱，待缸内水色转变，就可下布。下布时，把折叠好的布搭放在缸沿上，染匠要用木棒从布的一头开始陆续将布杵入缸中，并使布能在缸中均匀翻滚。估计快染差不多时，抽出一根布丝，将其倒劲儿成絮，看到纤毫上色均匀，就算染色好了。然后，把布捞出来，洗掉浮色，用杆子搭在架子上晒干，叠成长方形，置于货架，或等客户来取或由染坊给客户送去。

江南染坊还有一种染印花技术。扎染古称扎缬、绞缬、夹缬和染缬等，是中国民间传统而独特的染色工艺，也是中国传统的手工染色技术之一。扎染工艺分为扎结和染色两部分。它是通过纱、线、绳等工具，对织物进行扎、缝、缚、缀、夹等多种形式组合后进行染色。

其工艺特点是用线在被印染的织物打绞成结后，再进行印染，它有一百多种变化技法，各有特色。如其中的“卷上绞”，晕色丰富，变化自然，趣味无穷。更使人惊奇的是扎结每种花，即使有成千上万朵，染出后却不会有相同的出现。这种独特的艺术效果，是机械印染工艺难以达到的。染出的不是蓝底白花，花色多为小花瓣。可做妇女上衣、围裙、床单等。民间还有用系花、缝花、链花的白线印染技术。染出的布呈现出着色不一的花纹、花鸟、抱角等图案，但其工作太费时，多是民间巧妇所为。

▲ 民国时期上海一家印染厂工人于机器旁施染印花

▲ 民国时期上海纺织印染女工正在检验产品质量

清人王士禛《蚕词》云：“戴胜初来水染蓝，女桑浓叶满江南。谁家少妇青丝笼，知向香闺饲女蚕。”只是到了晚清，随着国外合成靛蓝染料等的引入，遂又创设了红坊、丝经坊、线坊、绸布染坊和印花坊。清末以后，我国纺织印染业才逐渐采用现代印染机器进行生产。

1913年，由诸文绮在上海创办的启明丝光染厂，首先用动力机器染纱线，生产各种颜色的丝光纱线，向垄断我国丝光染色纱线的日本货发起了挑战。而由王启宇等人合资银两万两创建于1913年的上海达丰染织厂，因生产丝光纱线经营发达，于1919年扩充资本办新厂，开始棉布机器染色业务。至1921年又增资至银50万两后，改名为达丰染织股份有限公司，成为我国民族工业资本中第一家自纺、自织、自染整合的企业，日产染色布400匹。

▲ 晚清江南的弹棉花工匠

▲ 1890 年拍摄的江南弹棉花工匠劳作情形

谁把孤弦竟日弹

——弹棉工匠

说起弹棉花，真是一门老行当了。元王祯《农书》卷二一《农器图谱》卷十九《纩絮》门附《木棉》载：“木棉弹弓，以竹为之，长可四尺许，上一截颇长而弯，下一截稍短而劲，控以绳弦，用弹棉英，如弹毡毛法，务使结者开，实者虚。”所谓弹棉，就是棉花去籽以后，用弦弓来弹，用弹弓加工成棉絮，可用来纺纱捻线，絮棉衣，或加上纱网制作被胎。一般是旧棉重新弹，使已经“结”“实”的旧棉被、棉衣中的棉，重新变得松软；也有用新棉弹的，如办喜事，旧时人家女儿作嫁妆用的棉絮，就是用新棉来弹。弹棉工具有大木弓，用牛筋为弦；还有木槌、铲头、磨盘等。弹时，用木槌频频击弦，使板上棉花渐趋疏松，以后由两人将棉絮的两面用纱纵横布成网状，以固定棉絮。纱布好后，用木制圆盘压磨，使之平贴、坚实、牢固。

弹棉花是传统手工艺之一，最迟在元代即有此业，旧时，农村有不少贫苦农民和工匠因生活所逼，整年在外地为人弹棉絮，俗称“弹匠”“弹棉郎”。他们身背一张竹弓走街串巷，每到一处，觅一块无碍观瞻的地方，支起布棚，架一块木板，就可营业。只见他们一手握弹棉弓，一手执槌击打弓弦，弹棉起絮，板结变硬的旧棉也由此变得松软如新。苏南、上海一带一直流传着这样的歌谣：“弹棉花啊弹棉花，半斤棉弹成八两八哟，旧棉花弹成了新棉花哟，弹好了棉被那个姑娘要出嫁……”

1920年前后，有人用一根细铁轴和一根粗木轴，拼在一起，固定在一个木架上，以手脚做动力，让铁木二轴滚动，吸走棉絮，挤掉棉籽。这东西称为轧花车子，比手剥棉籽快好几倍。1930年前后，工厂产出一种铁制手摇式轧花机，它的构造与上述的简易轧花机相似，但是它做得精致好用，轧花速度高于简易轧花机数倍。因此农村里就出现了轧花匠。他们是三人一伙，买台新式轧花机就到各村去挣手工钱。轧花时，一人站在轧花车子上，往双轴间搁籽棉，其余二人摇铁轮带动双轴滚动，吸棉絮挤棉籽。轧花匠就按轧出来的棉絮重量收取加工费。

棉花轧出棉籽，还得请弓匠把棉絮弹开了才能纺线。弹棉郎走街串巷，拨动弓弦哒哒响。人们听见响声，出来与弓匠谈好价钱后，弓匠就进到屋里，将一丈多长的大竹弓子，下头顶在窗台前，上头吊在房檩上，拿条绳子拴在大竹弓的头，绳子的下头拴在大木弓的中间，这样竹弓有弹力，能够把沉重的大木弓带起来，上下颤动减轻弹花弓匠的臂力。工作的顺序是：把轧后棉絮放在炕上摊平，再用棉槐树条把棉絮打散。弓匠胸前戴个大布兜，左手把木弓，右手拿个一尺多长、两头粗中间细的大木槌（好似做操用的哑铃），敲打木弓上的弦

▲ 1908 年杭州弹棉花的店铺

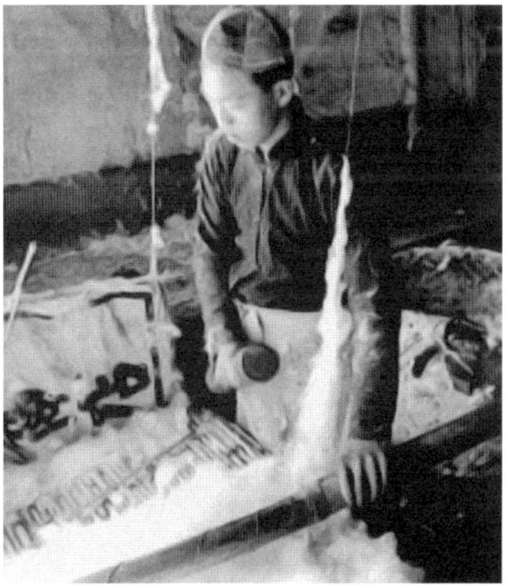

▲ 民国时期苏南地区弹棉花

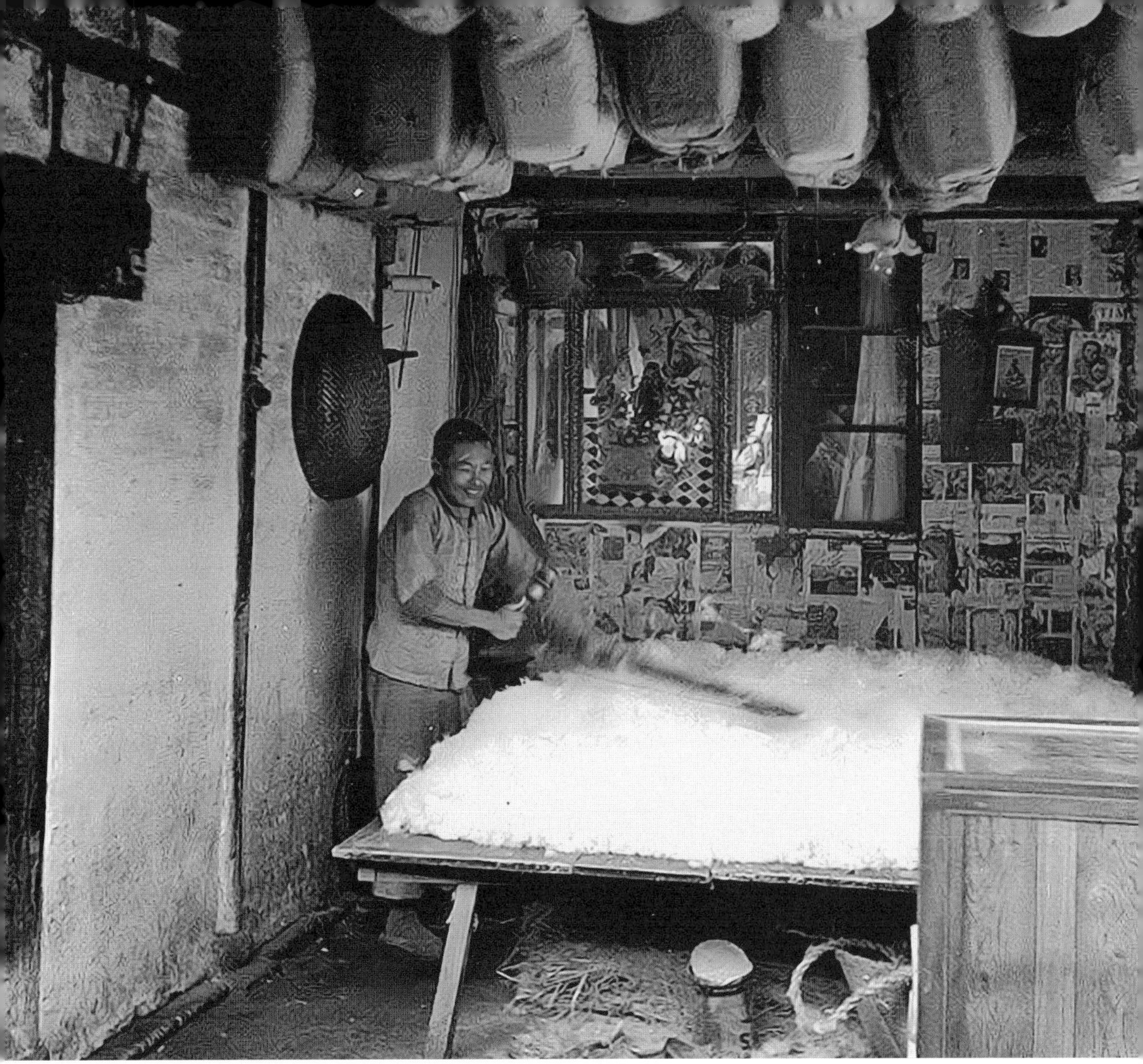

▲ 1945 年上海弹棉花情形

（弦是羚羊肠子做的），把炕上的棉絮缠到弓弦上，缠满了，就用槌击打弦，发出哒哒的声音后，把缠在弓弦上的棉絮崩开了花。这样一弓一弓地弹，就把棉絮弹松弹好了。

弹棉花不仅费力也是个精细活，敲弓的时候要花大力气，而“上线”则是细致的工作，要两个人一起才能完成，摆上一个小小的花样，一条棉被就初具雏形了。那一声声弦响、一片片花飞，最后把一堆棉花压成一条整整齐齐的被褥，真的感觉那不是弹棉花，而是变戏法，那一堆黑乎乎的硬棉，经过弹匠的辛勤劳动，一经重新弹制，又洁白柔软如新，很是神奇。

弹棉花是各种手艺里比较辛苦的一个，终日与飞尘相伴，有一首《竹枝词》对弹棉人的身世形容得恰如其分：“棉花街里白漫漫，谁把孤弦竟日弹。弹到落花流水处，满身风雪不知寒。”“弹棉郎”的手艺再熟练，一天也就不过能弹上一两条。社会的进步，劳动生产率的提升，当然要淘汰这种耗时费工的弹棉花行当，弹棉花的手艺也慢慢地被机械化操作所代替，这是社会进步使然；但弹棉花的行当为那个时代民众生活提供的实惠与方便，长久地留存在人们的记忆里。

谁人不说西装好

——西服人设

民国初的改革直接以西法西俗为样本，崇洋风气日盛。报刊上的时论“衣食住之模仿欧风，日用品物之流行洋货，其势若决江河，沛然莫御。世风既因之日侈，富力即因之日竭”，甚至讽刺政府官员：

▲ 西装成为一种“维新”象征，几近普及，官员、商贾、知识分子等皆着西装

“头戴外国帽，眼架金丝镜，口吸纸卷烟，身着哔叽服，脚踏软皮鞋，吃西菜，住洋房，点电灯，卧铜床，以至台灯、毡毯、面盆、手巾、痰盂、便桶，无一非外国货。算来衣食住，处处仿效外国人。”

如果说20世纪30年代之前，中国人对于“西风东渐”还是处于半排斥半接纳的状态，男子服饰还是以长袍马褂为主，那么30年代之后，西方文化渗入国民生活，男子服饰中西装呈现出后来居上的势头，套用现在一个时髦的词语——“人设”，没有穿西装，仿佛是老土，有点out了。那个时期十里洋场中的时髦“行头”，一般包括以下内容：呢帽要戴英国式，有深灰、淡灰、深棕、淡棕色等，夏季是草帽。买帽子必去南京路上的“小吕宋”“盛锡福”等名店。西装的料子首选进口货。脚上的皮鞋要洋牌子，衬衫也要洋牌子。手表要戴劳力士、欧米茄、浪琴、西玛、天梭等。能穿着如此行头的主要是那些崇洋的老板和小开。上海市场充斥着洋货，从永安公司出售的巴黎吊裤带；新新公司出售的英国羊毛围巾；茂昌眼镜公司出售的德国蔡司

▲ 民国上海黄包车夫拉着西装笔挺的男子，拉车的与坐车的服装反差极为明显

朋克塔平光眼镜，成为穿西装的时髦搭配。另外，男子还流行穿绒线开衫外套，绒线背心，还有宽驳领、双排纽的西式大衣，秋冬季也可以加穿在中装外面。

▲ 1930 年，一位穿西式大衣的女子

民国时上海引领国内时尚，与此同时，也显然是上海浓厚的商业氛围和消费主义风气所致。富贵人家的公子哥儿争相夸耀自己的富有，而穿着百衲衣衫的高僧不以自己的贫穷生活为耻。世俗之人颠倒是非，他们只看重人的穿戴打扮，却不看重人本身。以衣着取人，就是俗话说的“势利眼”，根源在于“拜金主义”思想盛行，也必然导致“只重衣衫不重人”，甚至“笑贫不笑娼”现象也屡见不鲜。

那是个“只重衣衫不重人”的年代，正如鲁迅在《上海的少女》中所述：“在上海生活，穿时髦衣服的比土气的便宜。如果一身旧衣服，公共电车的车掌会不照你的话停车，公园看守会格外认真地检查入门券，大宅子或大客寓的门丁会不许你走正门。所以，有些人宁可居斗室，喂臭虫，一条洋服裤子却每晚必须压在枕头下，使两面裤腿上的折痕天天有棱角。”

20 世纪 40 年代，女子穿西装的照片

西服成为一种“人设”，穿西服的观念逐渐在中上层社会中形成，并向社会广为传播，最终在各阶层中普及。西服的流行当然刺激了西服业的发展，高档的定制西服店、成衣西服店和旧西服店应运而生，为各阶层男士提供不同档次的西服产品，西装确实也成为在旧中国盛行一时的西方现代生活方式的象征。

到了20世纪40年代，社会中上层人士穿西装、着皮鞋、戴呢帽等西式装束，以示摩登的时尚风貌已经基本形成。新时尚观念确立，促使一些约定俗成的衣着习惯得以形成。有钱有势的阔佬或是社会名流，他们可以去西服名店定制西服，一般职员，坐写字间的人，或者大百货公司的店员，没有能力定制高档西装，可定制较为低价的西装或是购买成衣西服。40年代出版的《上海市大观》中就指出了在虹口吴淞路，林森路（今淮海中路），静安寺路（今南京西路）都有不错的二手西装店，能提供不同层次的西服产品服务。这样的局面为西服业的发展和普及提供了可能，也使西服逐渐成为上海男子的主流服饰。

然而，有一种很坏的风气也形成了，为了求职或虚荣，上海还有一种人，平时就没什么钱，仍要装出一副很有钱的样子，生怕别人看不起，这种人被称为“洋装瘪三”，就是自卑和不自信的“人设”表现。当年《洋泾浜新竹枝词》就有“谁人不说西装好，忘记今是国货年”的提醒，所以，别说什么“民国范儿”，那些岁月是少数人的“盛世”，是多数人的困顿。影视剧中描绘的十里洋场，歌舞升平，旗袍歌女，纸醉金迷，不过是极少数上层人士的人间天堂，如此而已。

▲ 20 世纪 30 年代上海男子之西式大衣与发型，此装束影响中国几十年

灯底裁缝剪刀冷

——红帮裁缝

过去苏南与上海城区的弄堂里，有一句俗语叫“春算命、夏郎中、秋道士、冬裁缝”，说的是一年四季中最热门的四种行当，到了冬季，要迎接新年了，一户人家的家主婆总要谋划着给家里人添新衣服，此时，也是裁缝师傅生意最为繁忙的时候。

上海开埠后，人口多了起来，各种各样的裁缝店便纷纷在上海落户，传统中式裁缝行业有苏帮、扬帮、锡帮、镇江帮、江北帮、宁波帮等。随着来沪的外国人逐渐增多，也有一些中式裁缝开始在为外侨缝补拆洗衣衫时，学会了缝制西服的技术，成为“拎包裹的西式裁缝”。他们带着缝制工具，到商船、旅馆招揽生意，专为外侨缝制西服。随后，这些裁缝招收学徒，开设西服商店。随着从业人数不断增加，影响力逐渐扩大，形成了专做西服的“红帮裁缝”。从此裁缝分为“本帮”（中式裁缝）和“红帮”（西式裁缝）。而红帮裁缝又有专做男式西服和女式西式服装之分，为西服业和时装业的形成打下了基础。

其实，对于上海滩做西服的裁缝，民间的说法有好几种，一种说法是“红帮”，与“奉帮”是谐音，是对奉化地域裁缝的一种不完全概括，说法有点牵强；另一种说法指“红帮”乃“红火之帮”，近代以来发展“红火”的产业众多，为什么单指做西服业的裁缝？似乎也说不通；唯独第三种说法，认为“红帮”是为“红毛”服务的裁缝，这种说法可能更接近“红帮”的原意。

明清以降，中国人将早期殖民扩张的荷兰人称为“红毛鬼”，郭棐在万历《广东通志》中记载：“红毛鬼，不知何国。万历二十九年，二、三大舶顿至豪镜之口。其人衣红，眉发连须皆赤，足踵及趾，长尺二寸，形壮大倍常，似悍澳夷。”福建人张燮《东西洋考》说：“红毛番，自称荷兰国，与佛郎机邻壤，自古不通中华。其人深目长鼻，毛发皆赤，故呼红毛番云。”1624年荷兰人曾经占领过台湾，台湾人称老外为“红毛”，影响范围也不断扩大，语言就是这样，它由过去的特指，也会延展到其他种族的外国人，泛指西人及相关事物，也是合乎逻辑的，反映了我国近代社会转型的时代特征。

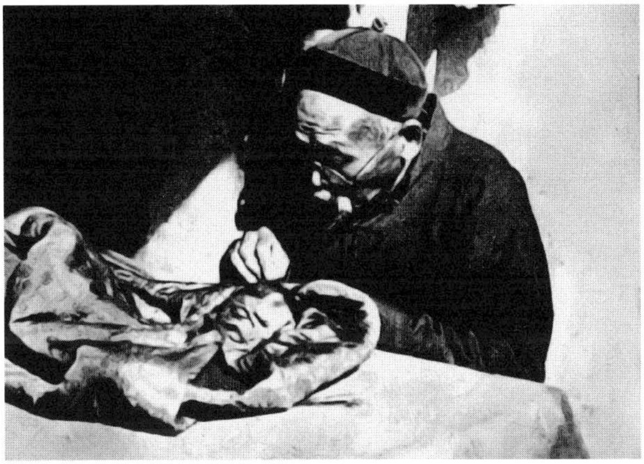

▲ 民国时期一位正在制作衣服的老裁缝

▲ 一家店铺的老裁缝，表情有点艰辛和沧桑

不过，奉化的“奉帮裁缝”也是很有来历的，浙江奉化曾经

流行“要串头，海三湾”，意思是要想发迹，就得往海外求发展。奉化人在海外尤以一把剪刀走天下，做裁缝的最多。初期的奉帮裁缝，曾经创造了“三个第一”：1904年第一个为资产阶级革命家徐锡麟缝制了一套西装；第一个在上海繁华的南京路开设了我国第一家西服号“荣昌祥呢绒西服号”；1916年4月，“荣昌祥”制作了我国第一套中山装。这“三个第一”反映了奉化裁缝的勤勉与技艺。

与手工劳动者一样，裁缝师傅也有他们的行业规矩，例如，他们奉轩辕氏为行业祖师，所用量布的尺也名为“轩辕尺”。学做裁缝要先当三年学徒，俗称“吃三年萝卜干饭”。当学徒的每天除了生炉子、烫熨斗外，有的还要为师傅、师娘“倒夜壶”做杂活，小心服侍老板夫妇和各位师傅，并且要学做“滚边”和各种花色的纽扣，三年满师才能上案板。用尺量身、剪刀裁布、针线缝纫，都得用心用功。好的裁缝，情商也高，他们接待顾客，一边为主顾量体裁衣，一边还

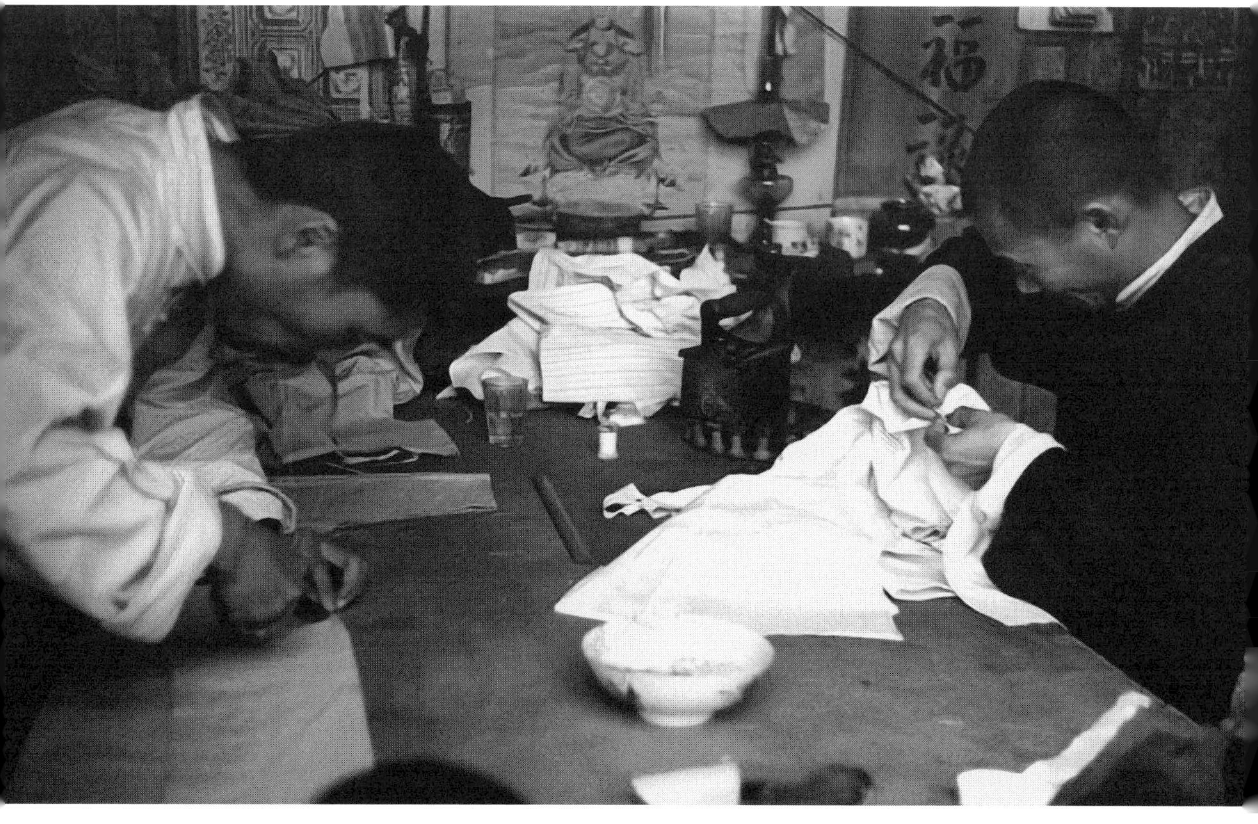

▲ 1937 年上海裁缝师傅在精心裁剪缝制衣料

▲ 1938 年上海的一家裁缝店兼“花样间”，一群少年在店铺里学徒

▲ 民国时期的街边裁缝摊

妙语如珠，称赞主顾身材好，眼界高，长得标致，嘴上“敷衍功夫”也是一等，主顾也乐得接受，巴望裁缝师傅做件挺括合身的行头，去应对那“只认衣衫不认人”的世道。

旧时做裁缝，不管是中式，还是西式，都是一门十分辛苦的行当，江南服装业中就有民谣流传：“正月坐月，二月冷月；春三四月，风吹一半，雨落全光；五荒六月，七死八活，金九银十，六十日赶忙，到头来尽为他人作嫁衣裳。”说的就是这种情形。恰如唐代大诗人白居易《寒闺怨》诗云：“寒月沈沈洞房静，真珠帘外梧桐影。

秋霜欲下手先知，灯底裁缝剪刀冷”。寒夜月光洒向庭院深处的屋内，珍珠帘外梧桐树影斑驳。孤灯下她握着冰冷的剪刀，为远方戍守的丈夫缝制着冬衣，秋霜将落，手已经预先感到寒冷，拿来比喻裁缝师傅的辛酸与疾苦，倒是很贴切的。

洗衣切莫付贫婆

——浆洗熨烫

衣服被褥用得久了，就需要洗涤。洗衣本是一件生活寻常事。《西游记》第二十六回云：“你却要好生服侍我师傅……衣裳穰了，与他浆洗浆洗”；第七十一回也说：“娘娘见了，含忖道：大王，想是衬衣袒了，久不曾浆洗，故生此物耳。”《儒林外史》第三十七回：“杜少卿进去和娘子说，替郭孝子浆洗衣服，治办酒肴款待他。”清末学人叶调元有竹枝词云：“洗衣切莫付贫婆，绽石粗砂把垢磨。明垢虽除阴垢甚，男女衣裤一盆搓。”那意思是说，洗衣服不能胡乱对付，还是要认真对待。

经典文学作品中提到的“浆洗”，包含着衣物的“洗净”与“浆挺”两道程序。一般平民百姓，女子到井边或河边洗衣服，有时候还是成群扎堆，边洗衣服，边拉家常。每年开春，天气转暖，家家户户还要拆洗被褥。拿到河边或井边盥洗，在石头上揉搓或用棒槌砸，晾到岸边草坪上或拿回家晒干。至于“浆挺”，则是用米汤水或淘米水，文火煮沸，用淀粉稀释，再把衣服放入温浆水中，进行搅拌，让衣服吃透浆水，浸泡三五分钟，然后捞出

▲ 民国时期大户人家之女佣浣衣，当时已有手摇拧干机与进口洗衣粉（Fairbanks Gold Dust）

▲ 江南常见之井畔或河畔浣衣情景

▲ 20 世纪 40 年代南京金陵女子大学女学生浣衣情景

来，再用清水漂净，晾干。这样洗出的衣服清洁、干净，尤其是白色的衣服会显得更加洁白。衣服穿在身上服帖笔挺，很有精神。

古代没有肥皂、洗衣粉之类的洗涤用品，往往用其他物品去污。《礼记·内则》曰：“冠带垢，和灰清漱；衣裳垢，和灰清。”古人洗涤衣裳冠带，所用的就是含有碳酸钾的草木灰水，用草木灰的水洗去衣物的污垢。洗头洗脸则用米汁。

皂角就是皂荚树的果实，在古代被普遍用于洗涤衣物。宋庄绰《鸡肋篇·皂荚》记载：“浙中少皂荚，澡面、烷衣皆用肥珠子。木亦高大，叶如槐而细，生角长者不过三数寸，子圆黑肥大，肉亦厚，膏润于皂荚，故一名肥皂，人皆蒸熟暴干乃收。”这可能是后来“肥皂”之名的由来。

魏晋时期，产生了一种具有洗涤和护肤功效的澡豆。唐代孙思邈《千金方》和《千金翼方》都记载了“澡豆”的制作方法，将猪的胰腺的污血洗净，撕除脂肪后研磨成糊状，再加入豆粉、香料等，均匀地混合后，经过自然干燥便成可作洗涤用途的澡豆。后来，人们在制作“澡豆”的工艺基础上，于猪胰研磨过程中加入糖，并以纯碱代替豆粉，再加入熔融后的猪油及香料等，均匀后，压制成球或块状，即成“胰子”了，“胰子”已经很接近后世出现的香皂了。

有钱人家，或者豪门大户，仆役成群，他们当然不愁洗涤，通常是把衣服送去浆洗房洗。由此，还产生一个专门的行当——浆洗业和浆洗匠。

据说熨斗最早历史可追溯至商代，原作为刑具而发明。汉代出现了烫衣服的熨斗，用青铜铸成，外形呈圜腹、宽口沿，有长柄。有的熨斗上，还镂有“熨斗直衣”的铭文。各个时期熨斗的名称也不一，有叫“火斗”“北斗”，也有叫“金斗”的，用料华贵，制作精巧，雕龙刻凤，柄也考究。虽然是民间常用器，那也非升斗小民所拥有，其功能用于熨烫衣服并流行于明清。

到清末民初“西风东渐”，陆续出现了“新法洗染店”，洗、染、织三项业务才合为一体并逐渐形成规模较大的洗染行业。20世纪20年代，原先在法国人开的安利饭店当学徒的吴锦章，最早引入国外干洗技术，开设了正章机器洗染商店，改名正章洗衣洋行，由于生意日益兴隆，由单一的烫衣发展为洗、烫、染、织补多项服务，且不光洗烫西服，中装衣服业务也占很大比例。数年后招牌改为正章干洗商店，并陆续开出两家分店，由合伙经营改为吴锦章独资经营。到40年代后半期，正章业务蒸蒸日上，迎来了全盛时代。

旧时一直有句老话：“天无二业，除了当铺就是染坊”，可见洗染业在社会上的地位。直至40年代，上海的洗染业发展已经达到了完备阶段，洗染业工人如“浆洗匠”，与纺织工、刺绣工、制丝工等工种并列，丰富着近代织维行业从业人员的内容。同时，洗染织补行

▲ 20 世纪 40 年代的上海正章洗染店，见广告牌下的“正章干洗商店”店招

▲ 20 世纪 40 年代后半期，由吴锦章创办的正章洗染店，雇用了大量临时工，生意兴隆。图为正章洗染店开车为客户收洗服务

业也与旅馆行业、沐浴理发行业、广告行业等并列，构成了近代饮食服务业的重要组成部分，成为前景广阔的新兴服务业。

一枚银针线几缕
——缝穷婆娘

江南其实没有“缝穷婆”的称呼，吴语也许就直呼“补衣裳的”，上海街头那些专门为穷人缝补衣裳的贫苦妇人，上海话称“补衣娘姨”。“缝穷婆”是一个北方话的称呼，如老舍《骆驼祥子》第7章写道：“他晓得大杂院中的苦哥儿们，男的拉车，女的缝穷，孩子们捡煤核，夏天在土堆上拾西瓜皮啃，冬天全去赶粥厂。”丁玲《法网》第2章：“街上缝穷的婆子又多，都是乡下逃水荒来的。”缝穷，就是专门为穷人缝补衣裳的贫苦妇人。

倘若再追溯远一点，清代北方就有“缝穷婆”的描写，成书于清道光十七年（1837）的陈森创作的白话长篇小说《品花宝鉴》，第55回有这样一段描写：李元茂饭后，“沿着河堤慢慢地走去。只管东张西望，见那些卖西瓜的与卖挑儿的，还有卖牛肉的，卖小菜豆腐的，挤来挤去，地下还有些测字摊子，还有那些缝穷婆，面前放下个筐子，坐在小凳上，与人缝补”，这也是对缝穷婆娘困苦形象的描写。

晚清时人有《竹枝词》云：“穷人衣裳旧又破，小洞不补大洞苦。劝君勿必心发愁，上街去找缝穷婆。一枚银针线几缕，破洞补得一无痞。”那些专门为穷人缝补衣裳的贫苦妇人，一般都坐在通衢闹市的路边，她们拿一个小马扎或小板凳，坐在市井道的街沿旁，面前置放一个竹篮，篮子里装着针头线脑和各色洗净的旧布，为路过的贩夫走卒，或是做苦力营生的男子服务，顾客花上一点小钱，随手交与贫妇缝补，立等可取，干净利索。这个行业对那些没有家室的单身汉来说，着实是帮了大忙。缝穷的生活十分清苦，多是家中男人贫病，无法维持生计；要不就是寡妇生活无着，也无其他手艺，才抛头露面做此行当。一天下来，挣不了一张饼钱，煞是可怜。

▲ 清末，上海街头做针线活缝缝补补的老妪

▲ 民国时期，在街头靠给码头苦力、黄包车夫补衣缝袜的贫苦妇女

俗话说：“缝穷缝穷，越缝越穷。”缝穷婆是生活在社会最

▲ 1948 年 5 月，上海一对母女坐在路边做女红

底层的劳动妇女，大抵是生活遭遇变故或者处于困苦之中。“贫贱夫妻百事哀”，家里的男劳动力外出工作养家糊口，家中的妇女们便利用自己会缝补衣服的手艺，在街边巷口摆摊。若是暂时没有生意，缝穷婆们也不会闲坐，她们会做着自己的针线活，不仅补破衣服，有时候也会缝新衣服，一般就是在容易磨损的部位打上补丁，如手肘下、膝盖上、袖口、裤屁股上等，以延长衣物的使用时间。

唐代诗人秦韬玉曾作诗《贫女》，其中后四句是："敢将十指夸针巧，不把双眉斗画长。苦恨年年压金线，为他人作嫁衣裳。"当年苏东坡也有诗云："贫家净扫地，贫女好梳头"，说的是贫苦人家经常把地扫得干干净净，穷人家的女儿时常把头梳得整整齐齐，虽然她们的外表算不上豪华艳丽，却有一种高雅脱俗的气度。

▲ 1919 年，南京街头做缝补生意的妇女

20世纪20年代流行歌曲先驱许如辉作《缝穷婆》的流行歌曲，表达了对缝穷婆命运的同情。歌曲唱道："家无隔夜粮，儿女泪汪汪，手提针线篮，缝穷到街坊。谁家儿郎破衣衫，拿来替你缝两针，公子小姐不光临，我们的主顾是穷人。一针针，密密缝，安慰着孤儿的心，一块块补得紧，温暖了穷人的身，缝了一针又一针，补尽了天下的破衣襟，补了一块又一块，补不了一颗破碎的心。缝穷啊，缝穷啊。"歌曲非常形象地刻画了一位游走在社会边缘，为摆脱贫困而自谋生路的缝穷妇女。她们是社会的弱势群体，理应得到社会的关注。

▲ 20 世纪 40 年代，上海一家鞋帽店前缝穷的老太太

缝穷婆是旧时代的产物。1949年以后，坐在巷口码头替人缝补衣物的缝穷婆越来越少，取而代之的是有固定店铺的裁缝，而他们的工具也不仅仅是缝穷婆竹篮里的针线、布头，而是更先进好用的缝纫机、质量更好的棉线和花样、颜色更丰富的布料。裁缝铺的主要工作也不再是帮人们缝补衣物，而是替人们缝制新衣物或者修改不合身的衣物。那些带着针线簸箩，坐在街角靠一针一线贴补家用的缝穷婆就这样渐渐地消失在了历史的长河中。新中国成立后，人们生活安定有保障，缝穷婆这一行当便逐渐消失了。

图书在版编目(CIP)数据

江南风俗图录. 第2卷，衣香鬓影 / 仲富兰著.
上海 ：上海辞书出版社，2025. -- ISBN 978-7-5326
-6240-1

Ⅰ. K892.45-64 ；TS941.742-64

中国国家版本馆 CIP 数据核字第 2024LX7124 号

"十四五"国家重点出版物出版规划项目
国家出版基金资助项目
上海文化发展基金会图书出版专项基金资助项目

江南风俗图录 · 第 2 卷 · 衣香鬓影

仲富兰　著

策划统筹　朱志凌
责任编辑　朱志凌
特约编辑　钱　琼
责任校对　左钟亮
技术编辑　楼微雯
整体设计　零贰壹肆设计工作室
题　　签　邓　明
篆　　刻　潘方尔
英文翻译　唐玥芳
英文校译　秦　悦
图　　片　均由作者提供

出版发行　上海世纪出版集团
上海辞书出版社®(www.cishu.com.cn)
地　　址　上海市闵行区号景路159弄B座(邮政编码：201101)
印　　刷　南京爱德印刷有限公司
开　　本　787毫米×1092毫米　1/16
印　　张　16.5　插页5
字　　数　325 000
版　　次　2025年10月第1版　2025年10月第1次印刷
书　　号　ISBN 978-7-5326-6240-1/K·1265
定　　价　128.00元

《江南风俗图录（1840—1949）》（全十卷）

“十四五”国家重点出版物出版规划项目、国家出版基金资助项目《江南风俗图录（1840—1949）》（全十卷）立足近代风俗史与图像史研究的交叉领域，系统梳理百年间江南民间生活形态、民间文化传承及社会变迁轨迹，通过动态视角深入研究最普通、最普遍的民间日常生活的历史演进。作者仲富兰教授整合数十年积累和研究的图像史料，以图史互证为方法论，辅以大量民间竹枝词等风土纪事文献，全景式记录了近代中国社会生活的转型历程与多元民俗风貌，生动再现了市井生活的烟火气息。全书按风味饮食、服饰冠履、民居建筑、行旅交通、生产商贸、文教卫生、娱艺体育、人生礼仪、岁时乡情、生活信仰等主题分卷编纂。

全书辑录3 200余幅珍贵老照片、民俗画作等历史影像，以图像叙事为经，以风俗流变为纬，构建起一部立体化、可视化的江南民俗图谱。这些泛黄的影像既凝固了百年市井生活的瞬间，又以细腻笔触还原传统节庆场景，使读者得以直观把握江南地区岁时习俗、衣食住行、婚丧嫁娶等民俗的演化轨迹，较之纯文字叙事更具现场感染力。编纂体例上独创性地穿插历代江南竹枝词，实现朗朗上口的诗词文本与风俗史事互为映照。譬如以“妾在船头偷看郎，郎骑白马好风光”的竹枝词解读江南婚俗，既赋予学术论述以诗意美感，又通过民间话语补足了历史细节，使宏大叙事浸润日常肌理，彰显日常生活的本真状态。

从学术层面看，《江南风俗图录》突破了传统风俗史研究单一的文字叙述模式，开创了“图像+文献+文学”多元互证的研究范式，为我国地域民俗文化研究提供了新的方法，堪称融民俗文化、社会史、视觉文化研究于一体的江南民俗文化图谱，兼具学术开拓性与出版稀缺性价值。无论学术研究者、文化从业者或普通读者，都能从中领略江南千年文脉的深厚底蕴与独特审美。

《江南风俗图录 · 第 1 卷 · 饭稻羹鱼》

《江南风俗图录 · 第 2 卷 · 衣香鬓影》

《江南风俗图录 · 第 3 卷 · 深巷低窗》

《江南风俗图录 · 第 4 卷 · 车动马喧》

《江南风俗图录 · 第 5 卷 · 市井食货》

《江南风俗图录 · 第 6 卷 · 春生弦诵》

《江南风俗图录 · 第 7 卷 · 闲暇趣玩》

《江南风俗图录 · 第 8 卷 · 礼敬人生》

《江南风俗图录 · 第 9 卷 · 岁时乡愁》

《江南风俗图录 · 第10卷 · 春祈秋报》